Opatija-Riviera

EINE GENUSSREISE MIT KÜCHENCHEF ARTHUR BERGER

EIN ERLEBNISBUCH AUS DEM HAUSE HOLLEIS

Lektorat: Günter Fischwenger
Gestaltung, Satz und Repro: COCO Communication Company Werbeagentur GesmbH, Salzburg
Druck: Salzburger Druckerei und Verlag

ISBN 978-3-200-01114-4

Vorwort

Es ist nun bald 40 Jahre her, doch ich erinnere mich sehr gut an die Zeit, als meine Großeltern im damaligen „Jugoslawien“ Urlaub machten und ich sie mit meinen Eltern besuchte. So kam ich als kleiner Bub das erste Mal nach Abbazia-Opatija. Gewohnt haben wir in einem großen Hotel gleich bei der Villa Neptun, Mittelpunkt unseres heutigen Hotels MIRAMAR. Bei den Spaziergängen auf der „Franz-Josef-Promenade“, die mein Großvater so liebte, passierten wir die Villa damals regelmäßig. Dass ich an diesem wunderschönen Ort einmal ein Hotel errichten würde, habe ich mir allerdings nie träumen lassen. So spielt das Leben!

Umso mehr freue ich mich heute, an die vor weit über 100 Jahren begonnene lokale Tradition österreichischer Hoteliers anknüpfen zu können (mehr zur Geschichte S. 8–17). Und auch unser Küchenchef Arthur Berger, dessen kulinarische Welt wir in diesem Buch vorstellen, pflegt mit seiner „alpin-mediterranen Fusionsküche“ ein kulinarisches Erbe aus dem alten Abbazia – Ausdruck der ungebrochenen kulturellen Lebenskraft Mitteleuropas zwischen Alpen und Adriatischem Meer.

Nach den Balkankriegen vor 10 Jahren zählten wir zu den ersten Investoren aus der Europäischen Union, die das Risiko eingingen, in den Wiederaufbau des kroatischen Tourismus zu investieren. Seitdem hat sich an der Kvarner Küste und im angrenzenden Istrien viel bewegt. Die Region kehrte auf die Landkarte des Tourismus zurück und entwickelte sich zum (er)lebenswerten Ferienziel am Meer – nicht weit von Österreich und Deutschland entfernt. „Mitteleuropas Küste“ ist dabei sehr ursprünglich geblieben und verbindet eine herrliche Natur- und Küstenlandschaft mit unzähligen Kulturschätzen im Hinterland. Unser Hotel MIRAMAR eignet sich hervorragend dazu, diese nahen Ausflugsziele zu entdecken.

Die Villa Neptun wurde als Villa Meyne erbaut, ist eines der ältesten Häuser Opatijas und wurde schon früh als Pension geführt. Im Werk „Lose Blätter aus Abbazia“ (1886) schreibt der Mittelmeerforscher und Chronist, Erzherzog Ludwig Salvator, über das gastliche Haus wie folgt: „Den Hauptpunkt bildet die Villa Meyne mit dem massiven achteckigen Thurme, reizend am Meeresufer gelegen, und wenn der Besuch von Abbazia einmal zunimmt, so wird es sicher an Kunden nicht fehlen, denn die Pension ist ruhiger als im Gasthause und die Lage ist eine noch Schönere, ganz nach Süden gerichtet.“ Daran hat sich erfreulicherweise bis heute nichts geändert.

Nun wünsche ich Ihnen viel Freude beim Erleben dieser Lektüre, die neben ihrer kulinarischen Mission auch ein Reiseführer sein will – nicht zuletzt auch ein Reiseführer in die Welt mitteleuropäischer Hotelkultur. Auf Wiedersehen im Hotel MIRAMAR!

Ihr

Dr. Wilfried Holleis

Appetizer. „Wenn einer eine Reise tut, dann kann er was erzählen."
Weil ich aber ein Koch und kein Erzähler bin, möchte ich mit diesem Buch in erster Linie Ihren Appetit anregen: Appetit auf ein wunderschönes Fleckchen Erde, den Blick hinter die Kulissen des Hotels und eine Zeitreise in die österreichisch-ungarische Monarchie. Ich möchte Ihnen Lust machen auf nahe gelegene Ausflugsziele, grandiose Naturschauplätze und meine liebsten mediterranen Rezepte. Entdecken Sie die kulinarische Vielfalt der Region. Lassen Sie uns „miteinander" kochen, essen, trinken und geniessen.
Viel Freude beim Lesen und GUTEN APPETIT!

Ihr Arthur Berger

Arthur Berger

Wenn einer eine Reise tut...

Arthur Berger ist kein Mensch der großen Worte. Er ist ein Mann der Tat, ein Österreicher mit Bodenhaftung, in sich ruhend, wie ein Fels in der Brandung. Letzteres umschreibt den 45-Jährigen schon allein deshalb so passend, weil er bereits als Jungkoch davon träumte, am Meer zu arbeiten. Die Nähe zu Venetien und Südtirol ließ den Buben aus dem Osttiroler Virgental wahrscheinlich schon in der Wiege mit dieser Sehnsucht spielen. Seine Neugier auf fremde Küchen und Kulturen machte den leidenschaftlichen Koch schließlich zum Nomaden. Bei der Entdeckung der Opatija-Riviera können Sie ihn einen Teil des Weges begleiten. Vorab ein Blick zurück:

Begonnen hat die Genussreise des Arthur Berger mit seiner Lehrzeit in St. Johann (Tirol). Danach lernte er im Seefelder Tümmlerhof unter Küchenchef Walter Jost nicht nur die Nouvelle Cuisine kennen, sondern hielt auch die erste frische Seezunge seines Lebens in Händen. Der Ruf des Meeres war jetzt nicht mehr zu überhören und die „Queen Elizabeth 2“ wurde zu Bergers nächster Station. Seine Augen leuchten, wenn er von dieser Zeit berichtet, denn trotz der knallharten Arbeit auf dem Kreuzfahrtschiff umfing ihn auf See ein unglaubliches Gefühl von Freiheit.

Weil sich ein guter Koch aber nur durch Erfahrung zu einem noch besseren Küchenchef entwickelt, kehrte Arthur Berger dem geliebten Meer irgendwann wieder den Rücken. Vierzehn Jahre lang genügte ihm der Zeller See, wo er als Küchenchef im 5-Sterne-Genießer- & Wellnesshotel Salzburgerhof konstant eine Gault-Millau-Haube erkochte. Auch die darauf folgende Zwischenstation im Saalfeldener Restaurant XO wurde von Österreichs renommiertem Gourmetguide mit Haubenehren bedacht.

Irgendwann allerdings rief wieder das Meer und mit ihm das Hotel Miramar...

Süße Tradition von Ankica

Ankica Damjanović, die „Perle der Miramar-Patisserie“ stellt in diesem Buch drei regional typische Süßspeisen vor, die sich von der Mehlspeisküche der Donaumonarchie bis in die heutige Zeit gerettet haben. Eine große Liebe zum Backen hat die Dame nach dreißigjähriger Küchentätigkeit ins Hotel Miramar geführt – wohl wissend, hier auch die berühmte österreichische Mehlspeistradition kennen zu lernen. Selbst mit einer Schwäche für Cremetorten behaftet, kreiert Ankica bei jeder Gelegenheit neue Kuchen, liebt das Dekorieren und ist beim Anrichten ihrer Desserts äußerst penibel. Mit Vorliebe verwöhnt sie die Geburtstagskinder im Hotel mit einer süßen Überraschung und greift, nachdem wahre Leidenschaft keinen Feierabend kennt, auch bei ihrer großen Familie in Slawonien gerne zum Kochlöffel. Für ihre Enkelin gibt es dann auch immer eine Cremetorte, denn „die Oma macht die besten Kuchen der Welt.“

»Zu Kaisers

ALS OPATIJA NOCH ABBAZIA HIESS

Die fröhliche Badenixe mit Hut ist die Großmutter unserer Historikerin

ALS ÖSTERREICHISCHER KOCH AN DER OPATIJA-RIVIERA FOLGT ARTHUR BERGER EINER LANGEN TRADITION, DENN BEREITS ZU KAISERS ZEITEN WURDEN DIE NOBLEN KURGÄSTE UND SOMMERFRISCHLER HIER MIT ALPENLÄNDISCHER KOCHKUNST BEGLÜCKT. DIE HISTORIKERIN RENATE BASCH-RITTER WECKT NOSTALGISCHE ERINNERUNGEN AN EINE ZEIT, IN DER OPATIJA NOCH ABBAZIA HIESS UND AN VIELEN MEERESKÜSTEN DIE ROT-WEISS-ROTE FLAGGE MIT DER KRONE WEHTE.

Zeiten«

DIE HISTORIKERIN RENATE BASCH-RITTER ERZÄHLT

Kleine Barke, große Besatzung: Thronfolger Franz-Ferdinand ist an Bord

Spaßgesellschaft im Kurort: Tägliche Schiffsausflüge führten von Abbazia zu den umliegenden Inseln

Wodurch unterscheiden sich die heutigen Touristen von den Besuchern vor etwa 100 Jahren? Ganz sicher in der Kleidung, vielleicht auch in der Dauer des Aufenthaltes. Wahrscheinlich aber nicht sonderlich in der Art des Geniessens. Denn das Ambiente von Abbazia, das unsere Urgrosseltern und Grosseltern so sehr geliebt haben, ist zeitlos und teilweise wieder erstanden. Es gilt, die Spuren aufzusuchen.

Die österreichische Riviera

Während das Küstenland in der Amtssprache altösterreichischer Kanzleien und k.u.k. Behörden durch den wenig animierenden Begriff „Litorale" umschrieben wurde, war im Salon, im Kaffeehaus und im leichten Reisegeplauder die „Riviera" daheim. Der Begriff „Österreichische Riviera" zählte in den Jahren vor dem Ersten Weltkrieg zum allgemeinen Vokabular, und wenn jemand „an die Riviera" fuhr, nahm man ganz selbstverständlich an, dass er nirgends anders hinreiste als etwa nach Triest, Lussin, Brioni, Lovran, Portorose, Grado, Abbazia oder an irgendeinen anderen Ort der Adriaküste Österreichs.

Von Ärzten wärmstens empfohlen

Durch die Schaffung der Bahnlinie Triest–Rijeka hatte die Südbahn-Gesellschaft die Tür zur Opatija-Riviera für den Fremdenverkehr geöffnet und mit dem ersten großen Hotel, dem „Quarnero", eine luxuriöse Adresse für wohlhabende Besucher geschaffen. 30 Jahre nach dessen Eröffnung, im Sommer 1913, fand in Wien eine groß angelegte Adria-Ausstellung statt, die den Tourismus der Region Istrien auf eine Stufe mit dem Lido von Venedig bringen wollte. Kritische Stimmen meinten damals allerdings, es sei besser, Kurorte anstelle von Luxusreisezielen zu schaffen und da sowohl der Luxus als auch das passende Publikum fehlten, kam es auch so. Namhafte Mediziner, wie Theodor Billroth und Julius Glax, priesen die Heilwirkung der Adria in höchsten Tönen und machten ihre wohlhabenden Patienten auf die heilsame Seeluft und die gesundheitsfördernden Meerbäder aufmerksam. Zu Beginn des 20. Jahrhunderts galt es dann plötzlich als modern, sich für Seebäder zu interessieren, eine gesunde Sonnenbräune zu zeigen und ein wenig mit seinen Neurosen zu renommieren.

Das Interesse der Ärzteschaft für ein allfälliges neues erträgliches Beschäftigungsfeld begann daher enorm anzuwachsen. Ein Ratgeber für Kurgäste in Abbazia empfahl einen Meeraufenthalt unter anderem bei folgenden Leiden:

„1. Anämie und Bleichsucht: Individuen, welche an hochgradiger Blutarmuth leiden, können kalte Bäder in der Regel nicht vertragen, weil sie einen bedeutenden Wärmeverlust nicht zu ersetzen imstande sind. Aus diesem Grunde sind Bleichsüchtige und Anämische häufig gezwungen, sich an der Nordsee mit dem „Luftbade" zu begnügen, während sie hier an den milden Gestaden der Adria das Seebad mit grossem Erfolge gebrauchen können.

2. Nervenkrankheiten: Wir müssen hier unterscheiden zwischen den sogenannten functionellen Nervenleiden, also der Neurasthenie und Hysterie. Besonders günstig wirkt unser Bad bei jenen Formen der Hysterie, wo durch chronische Entzündungen in den Sexualorganen reflectorisch Sensibilitäts- und Mobilitätsstörungen hervorgerufen werden."

Die Entdeckung Abbazias

Der wohlklingende Name Abbazia (Abtei) entstammt der am Meer gelegenen Abtei S. Giacomo al palo (St. Jakob am Pfahle). In der Mitte des 19. Jahrhunderts erwarb der reiche Kaufmann Ignio Scarpa aus Fiume (Rijeka) unweit davon ein Grundstück, verwandelte das dort befindliche Haus in eine mondäne Villa und das umliegende Areal in einen paradiesischen Garten mit Pflanzen aus aller Welt. Er führte ein generöses, gastfreundliches Haus, lud Künstler ein und veranstaltete im Jahreslauf Blumenfeste, Sommerabende, Theateraufführungen, Dichterlesungen, Feuerwerke und Bälle. Sogar einen Kutschen-Pendelverkehr zwischen Fiume (heute Rijeka) und Abbazia sowie zwischen Abbazia und Triest richtete er für seine Gäste ein. Irgendwann wurden auch gekrönte Häupter, der Adel der Doppelmonarchie Österreich-Ungarn und wohlhabende Bürger auf Abbazia aufmerksam und der Ort mutierte rasch zu einer Art Bad Ischl an der Adria.

Ein Kurort entsteht

Bald zeigte die Wiener Südbahn-Gesellschaft unter den kreativen Auspizien ihres Generaldirektors Friedrich Schüler größtes Interesse, an der Adria eine klimatische Winterstation zu errichten. Im Juli des Jahres 1882 erfolgte der Ankauf der Villa Angiolina samt ihren prachtvollen Parkanlagen, und im Jahr 1911 erwarb die „Curkomission“ diesen wertvollen Besitz, um ihn dem Kurort für alle Zeiten zu sichern. Die Villa, in der sich die Lesesäle und die Kanzleien der Kurkommission befanden, war nun das Zentrum des Kurortes. Die ersten großen Badeanstalten wurden von Wien aus geplant, finanziert und verwaltet. Mode- und Galanteriegeschäfte aus den Großstädten Österreich-Ungarns eröffneten Filialen in Abbazia, andere Firmen schickten Kutscher und Experten für die neue elektrische Tramway. Es folgten „Curhäuser“ für rekonvaleszente oder kranke k.k. Staatsbeamte und für erholungsbedürftige k.u.k. Offiziere. Die Errichtung von „Humanitätsanstalten“, Schulen und Gotteshäusern für alle in der Doppelmonarchie üblichen Konfessionen war nahezu eine Selbstverständlichkeit.

Der Zustrom von Interessenten aus allen Kronländern der Monarchie und aus dem Ausland wuchs bereits vor der Jahrhundertwende derart stürmisch an, dass der Bauboom von Hotels, Pensionen und Privatquartieren jede Vorstellung sprengte. Auch die unermüdliche Südbahn-Gesellschaft erbaute ein Hotel nach dem anderen: dem „Quarnero“ folgten das Hotel „Stephanie“, benannt nach der Schwiegertochter von Kaiser Franz Joseph, das Hotel „Slatina“ und mehrere Dependancen. Dazu gesellten sich die Villen Amalia, Mandria, Flora und Laura, die alle noch heute existieren, wenn auch unter anderem Namen.

Hochadel an der Adria

Unter den von Privatleuten errichteten Hotels und Villen ist die Pension Villa Jeanette besonders erwähnenswert, die sowohl Kaiser Franz Joseph, als auch dem schwedischen Königspaar Quartier bot. Über die Villa Neptun, dem Herzstück des heutigen Hotels Miramar, war in einer Reklame zu lesen, dass sie in günstigster und schönster Lage von ganz Abbazia über eine Hochquellenleitung, einen prachtvollen Park, elektrische Beleuchtung und große, herrschaftlich eingerichtete Räume verfüge.

Für offizielle Familienfotografien wurde stets würdevoll posiert (oben). Privatfotos zeigen elegante Damen, fröhliche Kinder und ausgelassene Prachtkerle.

SEINE MAJESTÄT KAISER FRANZ JOSEF MIT ERZHERZOG FRANZ JOSEF OTTO, SOHN DES ERZHERZOG-THRONFOLGERS

Aufnahme vom 15. September 1914, gewidmet den offiziellen Kriegsfürsorgezwecken, Gesellschaft vom Roten Kreuze, Kriegsfürsorgeamt des k. u. k Kriegsministeriums, Kriegshilfsbureau des k. k. Ministeriums des Innern

Oben: Marinemusikkapelle

Links: Bis zum Alter von vier Jahren steckte man auch kleine Buben in adrette Kleidchen.

Beim Stapellauf des österreichischen Flotten-Flaggschiffs Viribus Unitis (1911) trug Thronfolger Franz-Ferdinand die Admiralsuniform und wurde von seiner Frau begleitet.

Zu den weiteren hohen und allerhöchsten Besuchern Abbazias zählten die Kaiserin Elisabeth, das Deutsche Kaiserpaar, König Carol I. und Königin Elisabeth von Rumänien, König Georg von Griechenland, die königlichen Familien aus Sachsen und Serbien, der Großherzog von Luxemburg, König Nikolaus von Montenegro, Mitglieder der Familien Liechtenstein, Sachsen-Coburg und Hohenzollern. Auch unzählige Vertreter der internationalen und österreichischen Aristokratie, wie etwa die gräflichen Familien Harrach, Keglevich und Henckel-Donnersmark sind in den Fremdenlisten notiert. Was dem Kur- und Badeort aber erst den richtigen Glanz verlieh, war die Anwesenheit von Mitgliedern der kaiserlichen Familie. Im Jahr 1885 bezog „einem Glück verheißenden Doppelgestirn vergleichbar“ (so die Lokalpresse) das österreichisch-ungarische Kronprinzenpaar Rudolf und Stefanie die Villa Angiolina. Der Heimatdichter Peter Rosegger wurde von den beiden zu einer Lesung eingeladen und bezeichnete die Opatija-Riviera später als „mit dem Heiligen Land vergleichbares Paradies“.

Aristokratisches »Nähkästchengeplauder«

Der Hochadel erwies sich als probater Sponsor für die Verschönerung von Gärten, Parks, Promenaden und „Terrain-Curwegen“, die jeweils den Namen des edlen Spenders trugen und sorgte mit seinen Geschichten und Geschichterln immer für Gesprächsstoff.

Wenige Monate vor seinem Selbstmord traf Kronprinz Rudolf in Abbazia mit seinem Vetter, Erzherzog Johann Salvator, zusammen. Der Habsburger widmete sich eingehend dem Studium der Nautik und erwarb im heutigen Rijeka die Befähigung, ein Handelsschiff zu kommandieren. Nach dem Kauf eines Dreimasters querte er den Atlantik mit Kurs auf Kap Horn, wo sich jede Spur verlor. Die Klatschpresse überschlug sich jahrelang mit phantasievollen Berichten, und erst 20 Jahre später, im Mai 1911, wurde der „Aussteiger“ aus dem Hause Habsburg offiziell für tot erklärt.

Im März 1893 reiste die Deutsche Kaiserin Auguste Viktoria mit ihrer Kinderschar im Separatzug aus Berlin an und bezog mit großem Gefolge die Villa Amalia. Das Begrüßungszeremoniell mit Ansprachen, Paraden, Militärmusik, Salutschießen und beflaggten österreichischen und deutschen Schiffen überbot alles bisher Bekannte. Eine Woche später folgte Kaiser Wilhelm II. seiner Familie nach.

Am 29. März schließlich traf Kaiser Franz Joseph mit einem Sonderzug aus Wien ein. Es war einer seiner eher seltenen Besuche im österreichischen Küstenland, die stets mit irgendeinem politischen Treffen oder der Visitation der Marine verbunden waren. Sein Schwiegersohn Erzherzog Franz Salvator hingegen, ließ sich öfter an der österreichischen Riviera blicken, bevorzugte mit seiner

Familie allerdings die Insel Brioni, die seiner Frau Marie Valerie und den acht Kindern mehr Bewegungsfreiheit gewährte.

Als absolut neue historische Erkenntnis gilt die Tatsache, dass Franz Graf Meran, der einzige Sohn des gleichermaßen verdienstvollen wie beliebten steirischen Erneuerers Erzherzog Johann und dessen Gattin, der Gräfin Meran (geb. Anna Plochl), hier verweilte und im Alter von nur 52 Jahren auch hier verstarb. Er wurde nach Schenna bei Meran überführt und an der Seite seiner berühmten Eltern bestattet. Ebenfalls erst seit kurzem bekannt ist die Tatsache, dass Thronfolger Franz Ferdinand über den Chefredakteur der Zeitschrift „Adria“ im Großraum Abbazia einen geeigneten Platz für den Neubau einer kaiserlichen Sommerresidenz suchen ließ. Die Schüsse von Sarajewo im Juni 1914 haben diese Pläne allerdings jäh beendet.

Sommerfrische, Terrain-Curwege und Adria-Pensionen

Doch nicht nur die Aristokratie beehrte die heutige Opatija-Riviera. Auch prominente Politiker, wie Graf Julius Andrássy oder Wiens langjähriger Bürgermeister Dr. Karl Lueger, Literaten, Tonkünstler, Maler und Schauspieler, wie beispielsweise die Hofschauspielerin Katharina Schratt, die hier eine eigene Villa besaß, waren zu Gast und 1910 wurden in Abbazia stolze 42.740 Touristen gezählt.

Auch die wohlhabende Gesellschaft und das aus vielen sozialen Schichten bestehende Bürgertum fand im Soge der Prominenz sehr bald nach Abbazia.

Für nahezu jeden Anspruch gab es im Jahreslauf eine Fülle von Betätigungen und Veranstaltungen. Mehrere große Badeanstalten mit Umkleidekabinen und „allem Komfort“ öffneten ab Mai ihre Pforten, und anders als im prüden Grado durften Damen und Herren im aufgeschlossenen Abbazia gemeinsam das Meerwasser der Bäder genießen. Unter dem Protektorat von Erzherzog Carl Stephan, der auf der Insel Lussin (Losinj) eine Villa besaß, fanden die „Internationalen Sportwochen“ statt. „Ruderdisciplinen“, Fechtturniere, „Pistolenschieß-

Die urwüchsige Schönheit der Liburnischen Küste inspirierte Künstler und Literaten aus der ganzen Welt.

Konkurrenzen“ und Wettschwimmen, an denen sich auch couragierte Damen beteiligen konnten, standen auf dem Programm. Als Höhepunkt veranstalteten die k.u.k. Yachtgeschwader internationale Segel-Regatten, die vor der eindrucksvollen Meereskulisse der Yachten und Großschiffe der k. u. k. Marine ausgetragen, hunderte Zuschauer anlockten.

Ebenso zur Unterhaltung trugen Angebote zur Jagd und Fischerei bei. In den Sommermonaten fanden in den Musikpavillons der Parks täglich Kurkonzerte statt und Theater und Bälle krönten die Abende. Mehrmals wöchentlich führten „Eildampferlinien“ nach Venedig und Triest sowie zu den Küstenstädten von Istrien und Dalmatien. Fiume (Rijeka) war von Abbazia im Stundentakt via Schiff zu erreichen – ein Luxus der heute leider nicht mehr gegeben ist. Wer die Ruhe suchte, konnte übrigens damals wie heute zum Wandern in die nahe Bergwelt fliehen oder mit einem gemieteten Boot abgelegene Badebuchten ansteuern.

An der Küste von Abbazia.
Nach einer Originalzeichnung von T. Grubhofer.
1894 28

Die Adria-Pensionen – Kulinarisches zu Kaisers Zeiten

Gebildete Bürger huldigten dem Slogan „zurück zum gesunden und einfachen Leben“. Vorträge propagierten „gesunde Bräune“, „Abhärtung im Wasser“, „Naturerlebnis auf weiten Wanderwegen“ und „weg vom Großstadtlärm“. Eine gesundheitsbewusste aber gleichzeitig anregende Ernährung spielte bei alledem eine wichtige Rolle.

In den sogenannten „Adria-Pensionen“ ließ sich die Vielfalt der Rezepte aus allen Teilen der Monarchie ebenso genießen wie die kulinarischen Schätze aus dem Meer. Tatendurstige Witwen, energische ältere Fräulein, die über ein kleines Kapital verfügten, gründeten sich so eine Existenz. Eine Köchin (vorzugsweise aus Böhmen), ein oder zwei Stubenmädchen sowie ein Hausbursch waren bald gefunden und mit etwas Talent hatte sich rasch ein erfolgreiches familiäres Haus etabliert. Bald entstand hier eine hübsche Villa im Stil der Wiener Gründerzeit, dort zeigte ein modernes Gebäude Jugendstilelemente. Der verführerische Duft von Fischsuppe, Backhendl und Apfelstrudel schwebte bald über Lorbeerbäumen, Pinien, Oleander und Zypressen und die Gäste ließen nicht lange auf sich warten. Teils durch Reklame, mehr noch durch ihren kulinarischen Ruf, begann der Ruhm der Adria-Pensionen zu steigen. Menüs und Speisefolgen für Alltag und für Festlichkeiten sind überliefert. – Hier eine Kostprobe.

Ein derart vielseitiges Angebot lockte immer mehr Besucher aus allen sozialen Schichten an die Adriaküste. Weil sich aber nur ein sehr kleiner Kreis von Urlaubsgästen die mondänen Hotels und Villen leisten konnte, forcierte die Kurverwaltung ab 1908 den Bau von einfachen und preiswerten Domizilen.

Festtagsmenü

Kleine Meeresfische, hübsch angerichtet in Aspik
Schildkrötensuppe
Gänseleber mit Trüffel
Gespickte Krammetvögel oder Rebhühner
Rindfleisch mit Artischocken und Sprossenkohl
Schöpsernes mit Karfiol
Schneeballen (aus Eiklar) mit frischen Erdbeeren
Pomeranzentorte oder Datteltorte
Quittengelee
Pfirsicheis
Kleines Backwerk und Kaffee

Ein Küchenchef entdeckt die Opatija-Riviera

Wenn ein Koch ins Ausland geht, ist sein Leben gelegentlich nicht ganz einfach, meistens ziemlich spannend und immer eine Herausforderung. Neue Mitarbeiter wollen geführt, unbekannte Lieferanten koordiniert und ungewohnte Produkte verarbeitet werden. Eine Aufgabe mit vielen Unbekannten.

So nah und doch so fern. Die Opatija-Riviera gilt zwar als Europas nächstgelegenes Mittelmeerziel, bildet aber auch das Tor zu einer anderen Welt. So hält der Frühling früher Einzug, der Sommer bleibt länger und die Menschen pflegen ihre eigene Mentalität. Als „unbedingter Meertyp" genießt Arthur Berger tagtäglich den traumhaften Ausblick aus dem Küchenfenster („manchmal ist diese Aussicht fast schon ein bisschen gemein!") sowie Sonne und Strand, die ihm seine Freizeit wunderbar nutzen lassen. Das Frischeangebot des Fischmarktes von Rijeka ist für ihn schlicht „der Wahnsinn". Krustentiere sind seine Passion und die Seezunge aus dem Tümmlerhof verliert durchaus etwas an Glanz, wenn er deren fangfrische Verwandte aus der Adria in Händen hält.

Das Betreten von Neuland war aber selbst für den weltoffenen Osttiroler nicht immer ein Zuckerschlecken. In der Anfangszeit blickte das zwanzigköpfige Küchenteam mindestens ebenso erwartungsvoll auf den neuen Chef, wie dieser auf seine Mannschaft. Berger kam als Erster, ging als Letzter, stand wie der besagte Fels am Herd und verkniff sich kein Lob. Skepsis gab es natürlich trotzdem. Leichte Suppen waren einigen Köchen ebenso neu, wie Bergers Ambition, die Vorzüge der österreichischen Küche mit den kulinarischen Traditionen der Adriaküste zu verbinden. Die kroatische Sprache machte es Berger nicht einfacher und die saloppe südländische Mentalität verlangt bis heute ein gebündeltes Maß an Flexibilität – speziell in Kombination mit Lieferanten. Doch der Küchenchef vermittelt noch immer ungebremste Freude an der Herausforderung: „Es macht mir Spaß, die kroatische Küche kennen zu lernen, meine Ideen einzubringen und neue Rezepte zu entwickeln." Oft verleihen seine Gerichte der bodenständigen Regionalküche Flügel – leichte Genüsse für heiße Sommertage. „Eine gute Küche ist für mich ehrliches Essen, mit Liebe aus qualitativ hochwertigen Grundprodukten zubereitet. Und genau solche Produkte gibt es hier in einer unglaublichen Fülle: wunderbar süße Scampi, würziges Olivenöl, Trüffel aus dem nahen Istrien… – herrlich!"

Was weiß Direktrice Martina Riedl über Arthur Berger zu berichten? „Siebzehn Jahre als Küchenchef kommen ihm natürlich zugute, aber ich bewundere auch seine Ruhe." sagt sie und freut sich: „Dank ihm ist das Küchenteam viel enger zusammengewachsen. Ich schätze seine Küche sehr und liebe besonders die vielfältigen vegetarischen Gerichte, obwohl ich keine Vegetarierin bin. Überhaupt ist sein Repertoire unheimlich abwechslungsreich!"

ARTHUR BERGERS

frühlingsmenü

Frühling! Wenn die Frühlingssonne den Kvarner golf bereits Anfang März aus dem Winterschlaf kitzelt, explodiert die Natur wie ein Feuerwerk. Die Kamelie beginnt zu blühen und die „Franz-Josef-Promenade“ füllt sich schlagartig mit Leben: Sonnenhungrige Jogger, Spaziergänger, Mütter mit Kinderwägen sind unterwegs – hier und dort stecken die ersten Mutigen ihre Zehen ins Meer. Der frühe Frühling eröffnet auch die Wildspargel-Saison und überall sieht man Menschen auf der Suche danach durchs Buschwerk streifen. Auf den Inseln drehen sich die Lämmer am Spiess und auch für marinierte Sardellen und Kirschen ist jetzt genau die richtige Zeit.

VERANSTALTUNGSTIPP:

Im Juni verführt der historische Hafen- und Villenort Lovran zum Genuss von ganz besonders süßen Früchtchen. Saftige Kirschen, Kirschkuchen, -strudel und -desserts werden in Cafés, Restaurants und auf den Plätzen angeboten und beim alljährlichen „Fest der Kirschen von Lovran“ gefeiert.

Frühlingssalat

MIT WILDSPARGEL, PRŠUT UND PARMESANHIPPEN

Tintenfischsüppchen

MIT MEERESFRÜCHTESPIESS

Goldbrassenfilet

MIT KRÄUTER-SKUTA UND PANCETTA

Drachenkopf

VOM GRILL MIT MANGOLD UND GEFÜLLTEN ZUCCHINI

Roulade

VON HUHN UND KVARNER SCAMPI MIT PINIENKERNRISOTTO UND TOMATENPESTO

Strudel

UND RAGOUT VON LOVRANER KIRSCHEN MIT LAVENDELEIS

Kroštule

SÜSSE TRADITION VON ANKICA

FALLS NICHT ANDERS VERMERKT: ZUTATEN FÜR 4 PERSONEN

Frühlingssalat

mit Wildspargel, Pršut und Parmesanhippen

1. Für die Parmesanhippen den Ofen auf 200 °C (Umluft 180 °C) vorheizen. Parmesan reiben und mit etwas Abstand etwa 5 cm große Kreise auf das Backpapier streuen. Im Ofen (mittlere Schiene) ca. 5 Min. goldgelb backen. Herausnehmen und möglichst sofort zu Hippen biegen (beim Erkalten brechen die Scheiben). Abkühlen lassen.
2. Spargel putzen und in kochendem Salzwasser einmal kurz aufkochen. Mit Eiswasser abkühlen und auf einem Gitter abtropfen lassen. Nur die Spitzen werden für den Salat verwendet (die restlichen Spargelabschnitte können am Folgetag in Suppe, Frühlingsgemüse oder Risotto wandern). Salatherzen waschen und mit Küchenpapier trocken tupfen.
3. Oliven- und Haselnussöl, Zitronensaft und Gewürze nach Belieben zu einer Marinade verrühren. Die Salatherzen und Spargelspitzen darin wenden und auf die Teller setzen. Den Rohschinken hauchdünn schneiden und mit den Oliven und den halbierten Kirschtomaten neben dem Salat anrichten.
4. Die Pinienkerne in einer beschichteten Pfanne ohne Fett hellbraun rösten, über den Salat streuen und die Teller mit Kräuterzweigen und Parmesanhippen dekorieren wie's gefällt.

ARTHUR BERGERS KÜCHENTRICK:

Will man die bittere Note von Wildspargel mildern, muss man ihn zweimal erschrecken: Nach einem kurzen Bad in kochendem Wasser sollte er bestenfalls sofort in Eiswasser abtauchen (Wasser mit Eiswürfeln). Danach in etwas Spargelfond mit Butter erwärmen.

ZUTATEN FÜR DEN SALAT:

300 g Wildspargelspitzen (alternativ: grüne Spargelspitzen)

100 g Salatherzen

200 g dalmatinischer Pršut (alternativ: geräucherter Schinkenspeck)

12 St. Kirschtomaten

12 St. schwarze Oliven

1 EL geröstete Pinienkerne

1 EL Olivenöl

1 EL Haselnussöl

Meersalz und Pfeffer aus der Mühle

Zitronensaft, eine Prise Zucker

Petersilien- oder Rosmarinzweige zur Dekoration

FÜR CA. 8 PARMESANHIPPEN:

80 g Parmesan

Backpapier

Tintenfischsüppchen

MIT MEERESFRÜCHTESPIESS

ZUTATEN FÜR DAS SÜPPCHEN:

6 Calamari (Tintenfische)
100 g Schalotten
100 g Kartoffeln
50 g Butter
⅛ l Weißwein
1 l Fischfond im Glas (Feinkost)
¼ l Sahne
½ TL Tintenfisch-Tinte (erhältlich in gut sortierten Fischabteilungen und Fischgeschäften)
Salz, Cayennepfeffer
Zitrone, Prise Zucker

FÜR DEN MEERESFRÜCHTESPIESS:

3 Meerbarbenfilets, halbiert
3 Jakobsmuscheln, halbiert
6 Calamari-Köpfe mit Tentakeln
Spieße (oder Holzstäbchen)

1. Die Calamari putzen, die Körper in Ringe schneiden, die Köpfe und Tentakel für den Spieß zur Seite geben. Auf Küchenpapier abtropfen lassen. Die Schalotten schälen und fein würfeln. Die Kartoffeln waschen, schälen und ebenso fein würfeln.

2. Die Schalottenwürfel in Butter goldgelb anschwitzen. Calamari-Ringe dazugeben und kurz mitrösten. Die Kartoffeln hinzufügen, mit dem Weißwein ablöschen und kurz einreduzieren lassen. Mit Fischfond auffüllen und um ein Drittel einkochen lassen.

3. Sahne zugeben und nochmals fünf Minuten einreduzieren lassen. Die Tintenfisch-Tinte zufügen und mit Salz, Cayennepfeffer, Zitronensaft und einer Prise Zucker abschmecken.

4. Jakobsmuscheln, Calamari und Fischfilets in einer beschichteten Pfanne (je nach Größe, Pfanne und Hitze ca. 2–4 Minuten) braten, bis die Filets noch leicht glasig sind. Meeresfrüchte in Stücke teilen, auf Spieße stecken und warm stellen. Die Suppe mit dem Stabmixer pürieren, durch ein Sieb passieren und danach nochmals aufmixen. In Gläser füllen und mit dem Meeresfrüchtespieß servieren.

Goldbrassenfilet

MIT SKUTA UND PANCETTA

1. Tomaten eine halbe Minute lang in einen Topf mit kochendem Wasser geben, herausnehmen und kalt abspülen. Haut abziehen und würfeln. Die Goldbrassenfilets waschen, mit Küchenpapier trocken tupfen und eventuell verbliebene Gräten mit einer Pinzette entfernen. Die Filets mit Zitronensaft, Meersalz und Pfeffer würzen.

2. Backofen auf höchste Grillstufe (oder Oberhitze) vorheizen. In einer Pfanne Butter und Olivenöl erhitzen. Fischfilets mit der Hautseite nach unten einlegen und braten bis die Haut knusprig und die Oberseite des Filets noch leicht glasig ist. Aus der Pfanne nehmen und mit der Hautseite nach oben in ein ofenfestes Geschirr legen.

3. Basilikum fein schneiden, mit den Tomatenwürfeln in der Fischpfanne schwenken und über die Filets geben. Pesto und Frischkäse darauf verteilen. Im Ofen auf der oberen Schiene gratinieren. Bei Verwendung des Grills aufpassen, dass nichts verbrennt. Den Bauchspeck knusprig braten und mit den Goldbrassenfilets anrichten.

ZUTATEN für 4 Personen:

4 Goldbrassenfilets à 120–140 g

2 Tomaten

Zitronensaft, Meersalz, Pfeffer

1 EL Butter

1 EL Olivenöl

3–5 Blättchen frischer Basilikum

1 EL Pesto aus dem Glas

120 g Skutakäse
(alternativ Ricotta oder Hüttenkäse)

4 Scheiben Pancetta
(alternativ: geräucherter Bauchspeck)

ARTHUR BERGERS WARENKUNDE:

Skuta, ein milder Frischkäse aus Kuh- oder Schafsmilch, wird in den Bergen der Kvarner Region produziert und kann beim Nachkochen des Rezeptes durch Ricotta oder Hüttenkäse ersetzt werden. An der Opatija-Riviera finden Sie Skuta in gut sortierten Supermärkten.

Drachenkopf vom Grill

mit Mangold und gefüllten Zucchini

ZUTATEN FÜR DIE FISCHE:

4 kleine Drachenköpfe à 300–400 g, geschuppt und ausgenommen
8 Rosmarinzweige
1 Bio-Zitrone (ungespritzt)
Meersalz aus der Mühle
4 EL Olivenöl
1 Knoblauchzehe
mediterrane Kräuter oder glatte Petersilie

FÜR DAS MANGOLDGEMÜSE:

200 g frischer Mangold
100 g gekochte Kartoffeln
4 EL Olivenöl
Salz, Pfeffer, etwas Knoblauch
1 dl Gemüsefond

FÜR DIE GEFÜLLTEN ZUCCHINI (8 STÜCK):

2 mittelgroße Zucchini
4 EL Gamberi (alternativ: gefrorene Tiefseegarnelen oder Shrimps)
2 EL Olivenöl
Salz, Pfeffer, etwas Thymian

GEMÜSE MIT GESCHICHTE:

Mangold wurde schon vor 4000 Jahren im Nahen Osten angebaut. Er galt lange Zeit als Lieblingsgemüse im deutschsprachigen Raum, bis er im 17. Jh. durch den Spinat verdrängt wurde. In Kroatien hielt sich das feinwürzige Gemüse mit dem Nussaroma zum Glück standhafter.

1. Für die gefüllten Zucchini die Gamberi in kochendem Salzwasser blanchieren (einmal kurz aufkochen lassen). Die Zucchini waschen, in insgesamt acht Teile schneiden (Enden entfernen), mit einem Teelöffel leicht aushöhlen, in kochendem Salzwasser ca. 1 Minute blanchieren, in Eiswasser abkühlen und auf ein Backblech setzen. Gamberi in die Aushöhlung füllen, mit Olivenöl beträufeln und zur Seite stellen.
2. Die Fische waschen und trocken tupfen. Innen und außen mit Meersalz würzen. Die Zitrone heiß abspülen und in Scheiben schneiden. Je zwei Rosmarinzweige und 2 Zitronenscheiben in den Bauchraum der Fische füllen und diese auf dem Grill von beiden Seiten ca. 10–15 Minuten knusprig grillen. Tipp: Der Fisch ist gar, wenn man die Rückengräten leicht herausziehen kann.
3. Inzwischen eine Knoblauchzehe zu 4 EL Olivenöl pressen (oder fein gewürfelt zugeben). Frische mediterrane Kräuter (oder Petersilie) fein schneiden und dazu mischen. Die Fische werden vor dem Anrichten mit diesem Öl beträufelt. Ofen auf 200 °C (Umluft 180 °C) vorheizen.
4. Den Mangold waschen. Gemüsefond mit Olivenöl aufkochen, den Mangold dazugeben und kurz blanchieren bis das Gemüse zusammenfällt. Die gekochten Kartoffeln würfeln, beigeben und mit einer Gabel zerdrücken – das ergibt eine schöne Bindung. Mit Salz, Pfeffer und etwas Knoblauch würzen.
5. Vorbereitete Zucchini zum Erwärmen etwa 5–7 Minuten in den vorgeheizten Ofen geben. Den Drachenkopf auf einer Platte anrichten und mit dem Knoblauch-/Kräuter-Öl beträufeln. Mit Mangold und den gefüllten Zucchini servieren.

ZUTATEN FÜR DIE ROULADEN:

4 kleine Hühnerbrüste – ohne Knochen, ohne Haut

4 ausgelöste Scampischwänze

100 g Hühnerfilet – faschiert

100 g Sahne

Salz, Pfeffer

2 cl Weinbrand

1 EL Petersilie – fein gehackt

ZUTATEN FÜR DAS TOMATENPESTO:

100 g getrocknete, in Öl eingelegte Tomaten

1 feste, frische Tomate

1 Bund Basilikum

2 Knoblauchzehen

1 kl. getrocknete Chilischote

1 EL geröstete Mandeln

2 EL Olivenöl

50 g Parmesan

1 TL Aceto Balsamico

ZUTATEN FÜR DAS RISOTTO:

120 g weißer Risottoreis (sehr gut: Arborio)

2 EL Olivenöl

50 ml Weißwein

200 ml Geflügelfond

50 g Zwiebeln – fein geschnitten

2 EL Pinienkerne – leicht geröstet

etwas frischer Rosmarin und Thymian

1 Knoblauchzehe

1 EL kalte Butterflocken

1 EL Parmesan – fein gerieben

Salz, Pfeffer

Roulade

von Huhn und Kvarner Scampi mit Pinienkernrisotto und Tomatenpesto

1. Für das Tomatenpesto die getrockneten Tomaten in einem Sieb abtropfen lassen und grob schneiden. Die frische Tomate waschen, das Kerngehäuse entfernen und würfeln. Basilikumblätter waschen und trocken tupfen, Knoblauch schälen und hacken. Getrocknete und frische Tomate mit Chilischote, Mandeln, Basilikum, Knoblauch und Öl im Mixer pürieren. Parmesan reiben, untermischen und das Pesto mit etwas Balsamico abschmecken.
2. Faschiertes (durch den Fleischwolf gedrehtes) Hühnerfilet, Sahne, Salz, Pfeffer, Weinbrand und fein gehackte Petersilie zu einer homogenen Masse (Farce) vermischen. Die Hühnerbrüste der Länge nach einschneiden, aufklappen und zwischen Frischhaltefolie leicht klopfen.
3. Die Farce auf den Filets verteilen, einen ausgelösten Scampischwanz in die Mitte setzen und das Fleisch vorsichtig zu einer Roulade einrollen. Ofen auf 140 °C (Umluft 120 °C) vorheizen. Die Rouladen in ein Stück gebutterte Alufolie einwickeln, dabei die Folien-Enden eindrehen. Beiseite stellen.
4. Den Risottoreis unter fließendem Wasser abspülen. Die Zwiebeln schälen, fein würfeln und in Olivenöl goldgelb anschwitzen. Kräuter, Knoblauch und Risottoreis zugeben und unter Rühren mitschwitzen bis der Reis glänzt. Mit Weißwein ablöschen.
5. Das Risotto nach und nach mit heißem Geflügelfond aufgießen und unter häufigem Rühren al dente kochen (ca. 18 Minuten). Inzwischen die Hühnerroulade auf der mittleren Schiene des vorgeheizten Ofens ca. 15 Minuten garen. An einem warmen Ort rasten lassen.
6. Nach Ende der Garzeit die Kräuter aus dem Risotto entfernen, kalte Butterflocken, Parmesan und Pinienkerne zufügen und mit Salz und Pfeffer abschmecken. Hühnerroulade in der Mitte schräg durchschneiden, mit Risotto und Tomatenpesto anrichten und mit Rosmarin garnieren.

ZUTATEN FÜR DAS KIRSCHRAGOUT:

250 ml Rotwein
20 ml Portwein
100 g Zucker
25 ml Grenadinesirup
Saft von ½ Zitrone
Saft von ¼ Orange
10 ml Kirschwasser
¼ Zimtstange
¼ Vanilleschote
ca. 10 g Maizena-Stärkemehl oder Vanillepuddingpulver
400–500 g entkernte Kirschen
3–4 EL Wasser

FÜR DIE FÜLLUNG:

½ kg entkernte Kirschen
40 g Rosinen
30 g geröstete Mandeln
80 g Biskuitwürfeln
50 g Zucker
20 ml Kirschwasser
etwas Vanillezucker
Orangen- und Zitronenschale
Zimt
Staubzucker und frische Minze für Dekoration
50 g zerlassene Butter
2 TK-Strudelteigblätter

FÜR DAS LAVENDELEIS (CA. ½ LITER)

3 Eigelbe
70 g Zucker
¼ l Milch
10 g Lavendelblüten (ungespritzt, am besten aus dem Garten)
350 ml Sahne
1 Prise Vanillezucker

Strudel

und Ragout von Lovraner Kirschen mit Lavendeleis

1. Die Zutaten für das Lavendeleis in einen Topf geben und unter ständigem Rühren kurz aufkochen lassen. Die Masse durch ein Sieb passieren, im Mixbecher oder mit dem Stabmixer pürieren, auskühlen lassen und in der Eismaschine gefrieren.
2. Für das Kirschragout Rotwein, Portwein, Zucker, Grenadinesirup, Orangen- und Zitronensaft, Kirschwasser, Zimtstange und das Mark der Vanilleschote aufkochen und ca. 2 Minuten reduzieren lassen. Das Vanillepuddingpulver oder die Stärke mit Wasser verrühren und mit einem Schneebesen unter die kochende Sauce rühren. Die noch heiße Sauce über die Kirschen gießen und zugedeckt abkühlen lassen.
3. Für die Strudelfüllung alle Zutaten mischen und in einer abgedeckten Schüssel 20 Minuten anziehen lassen. Die Strudelblätter auf ein Tuch legen und mit der zerlassenen Butter einpinseln. Ofen auf 200 °C (Umluft 180 °C) vorheizen.
4. Die Füllung auf ⅔ des Strudelteiges verteilen (dabei 4 cm Rand freilassen). Seitliche Ränder einklappen und mit Hilfe des Tuches von der belegten Seite aus einrollen. Mit der Teignaht nach unten auf ein vorbereitetes Blech setzen. Mit dem Rest flüssiger Butter bestreichen und im vorgeheizten Ofen 20–30 Minuten backen.
5. Den Strudel mit Staubzucker bestreuen und in Stücke schneiden. Mit Kirschragout und je einer Kugel Lavendeleis (wenn keine Eismaschine vorhanden ist, TK Vanille- oder Fruchteis) anrichten und mit Minze dekorieren.

Kroštule

Süsse Tradition von Ankica

KROŠTULE – ISTRISCHE SCHLEIFEN

- 250 g Mehl
- 1 TL Backpulver
- 1 Eigelb
- 1 Ei
- 1 EL Zucker
- 1 Prise Vanillezucker
- ½ EL Rum
- 1 Prise Salz
- 100 ml Sauerrahm
- ½ l Öl zum Ausbacken
- 50 g Staubzucker zum Bestreuen

1. In einer Schüssel Eigelb, Ei, Zucker, Vanillezucker, Rum und Salz schaumig schlagen bis sich der Zucker aufgelöst hat. Mit den restlichen Zutaten zu einem geschmeidigen Teig kneten bis er Blasen wirft. ½ Stunde im Kühlschrank rasten lassen.
2. Den Teig dünn auswalken und (ev. mit einem Teigrad) in Streifen von 10 cm Länge und 2 cm Breite schneiden. Diese nun unterschiedlich verflechten und in heißem Öl goldbraun ausbacken. Auf Küchenkrepp abtropfen lassen. Mit Staubzucker bestreuen und am besten noch warm servieren. Lauwarmes Rhabarberkompott passt gut dazu!

Das Flair der Jahrtausende!

Im Gesicht der Kvarner Küste spiegelt sich die Geschichte. Von der Antike bis heute.

Was macht den einzigartigen Charme der Opatija-Riviera aus? Ist es ihr geografisches Format als Europas Tor zur mediterranen Welt? Das bevorzugte Klima? Das Meer? Sicher sind alle diese Faktoren für eine Urlaubsregion wertvoll. Doch den größten Reiz entwickelt der Küstenstreifen durch den Stilmix seiner Zeitzeugen, der jeden Besucher in eine Welt fernab des Alltäglichen versetzt. Vor der prachtvollen Hotel- und Villenkulisse aus Monarchiezeiten wird gebadet und Eis geschleckt. Ein Bummel entlang der zwölf Kilometer langen Strandpromenade führt durch den herrlichen Angiolina-Park mit seiner üppigen Vegetation und seltenen Pflanzen aus aller Welt. Immer das Meeresrauschen im Ohr, flaniert man vorbei an Villen, die im Dornröschenschlaf auf ihren Prinzen warten, oder bereits wachgeküsst im revitalisierten Fin-de-Siècle-Stil erstrahlen. Wie eine Zeitreise ins Mittelalter gestaltet sich der Besuch der nahe gelegenen Bergdörfer Kastav, Veprinac, Mošćenice oder Brseć – ohne viel zu verändern, ließen sich hier historische Filme drehen. Radsportler finden (zumeist unbeschilderte) Wege entlang der Küste, aber auch knallharte Bike-Strecken durch die nahezu unberührte Natur des Naturparks Učka, den auch zahlreiche (markierte) Wanderwege durchziehen. Die Bucht Preluk vor dem Fischerdörfchen Volosko eröffnet Windsurfern im Morgenwind Tramontana ein einzigartiges Hafenidyll und für Segler ist die zerklüftete Kvarner Küste sowieso das Paradies schlechthin. Wer ein Stück weit aufs Meer hinausschwimmt und sich der Küstenkulisse zuwendet, kann aus ihr lesen wie in einem Geschichtsbuch. – Das ist das Fluidum dieser ganz besonderen Urlaubsregion.

Traumkulisse mit Meerblick

Das „Mädchen mit der Möve' begrüßt die Gäste Opatijas auch bei Nacht. Der 12 Kilometer lange Strandweg „Franz-Josef-Promenade", den die Einheimischen schlicht „lungomare" nennen, beginnt im mittelalterlichen Fischerdörfchen Volosko (kleines Foto).

Näher zum Meer

Zweifelsohne war die nördliche Adriaküste bereits lange vor ihrer touristischen Entdeckung besiedelt. Anfangs wahrten die Bewohner noch einen respektvollen Sicherheitsabstand zum Meer, rückten ihm mit den Jahrhunderten allerdings immer näher. Hatten die Kelten ihre Wallburgen noch auf Anhöhen abseits der unmittelbaren Küste errichtet, bewohnten die Liburner in der Antike bereits „Hügel mit Meerblick". Sie richteten auch die ersten Häfen ein, die allerdings nur als Arbeitsplatz benutzt wurden, denn die Handelsschifffahrt war bereits in vollem Gange. Noch im Mittelalter lebte man ausschließlich an strategisch gewählten Orten, von denen das Meer kontrollierbar und potenzielle Angreifer besser abzuwehren waren. Später siedelten sich zuerst die Fischer, die ärmste Bevölkerungsschicht, an den Häfen vor den mittelalterlichen Städten Volosko, Ičići, Ika und Lovran an. Ein Privileg war „das Haus am Meer" im Vergleich zu heute aber gewiss nicht.

Zwischen Gestern und Heute

Zwei völlig unterschiedliche Zeitspannen haben das Gesicht der Opatija-Riviera später maßgeblich geprägt. Die österreichisch-ungarische Monarchie formte aus der naturnahen Heimat von italienisch-stämmigen Siedlern, Fischern, Seefahrern und Webern ein mondänes Seebad mit Hotels, Villen, Parks und einer legendären Strandpromenade. (Eine historische Spazierkarte mit unterhaltsamen Geschichten aus dieser touristischen Pionierzeit liegt dem Buch bei.) Das sozialistische Jugoslawien nutzte die Infrastruktur dann als Urlaubsdestination für das Volk. Polen, Ungarn, Tschechen und Bürger der DDR erschienen in großer Zahl, war die Küste des sozialistischen Jugoslawien doch im Vergleich sehr liberal und man konnte sich auf den Hotelterrassen bei internationaler U-Musik und Tanz amüsieren. Einige massive Hotelburgen zeugen von dieser Zeit. Und obwohl diese Bauwerke der gegenwärtigen architektonischen Ästhetik gewiss nicht entsprechen, erfüllen sie als historische Zeitzeugen eine Aufgabe.

Oben: Rastplatz am Lungomare
Mitte: 12 km zum Relaxen, Flanieren und Baden
Unten: Villa Angiolina im gleichnamigen Park
Links: Fischerdörfchen Mošćenicka Draga

Wo das Glück wohnt

Gute Karten! Das „Casino Admiral Opatija" logiert an einem inspirierenden Ort voller Geschichten und Anekdoten. Gerüchten zufolge, fanden in der Villa Madonna bereits der österreichische Kaiser Franz Josef und die Burgschauspielerin Katharina Schratt ihr Glück...

Welche Räumlichkeiten wären für ein Casino besser geeignet, als eine prachtvolle Villa, deren dicke Mauern selbst pikante Geheimnisse für sich behalten können?

Trotz großer öffentlicher Neugier konnte die Villa Madonna (alias Villa Schalek) als heimliches Liebesnest von Kaiser Franz Josef und seiner Vertrauten Katharina Schratt nämlich niemals bestätigt werden. Geblieben sind Gerüchte. So glaubt etwa Vjekoslav Martinko, Besitzer des Lovraner Luxusdomizils Villa Astra, von der geheimen Zusammenkunft aus erster Hand zu wissen. Schließlich hat seine Großmutter Maria im Laufe ihres langen Lebens nicht nur fünf Herrschaftsformen erlebt, sondern auch immer wieder von einem unterirdischen Gartengang erzählt, durch den Kaiser Franz Josef unerkannt in die Villa und damit zu Frau Schratt gelangt sein soll. Die Fakten sehen freilich anders aus. Wesentlich subtiler und doch überaus kraftvoll waren die Bande zwischen Kaiser und Schauspielerin. Und Kaiserin Elisabeth höchstpersönlich hatte sie geknüpft. In den Zeiten ihrer oft monatelangen Reisen sollte Franz Josef eine politisch unantastbare „Seelenfreundin" zur Hand haben, die ihn von alltäglichen Sorgen ablenkte (...).

Während Kaiser Franz Josef keine besondere Affinität zur Musik verspürte, liebte er das Theater sehr und hatte sich bereits 1885 eingehend mit der bewunderten Mimin aus Baden bei Wien unterhalten. Schratts natürliche Heiterkeit gefiel auch Elisabeth, die im Atelier des Künstlers Heinrich von Angelis eine erneute Begegnung der beiden arrangierte. – Ein Treffen, das später nur allzu oft fantasievoll ausgeschmückt wurde, den Plan der Kaiserin aber tatsächlich erfüllte. Nur drei Tage danach begann zwischen Kaiser und Schauspielerin eine (teilweise veröffentlichte) Briefkorrespondenz und es entwickelte sich eine enge Freundschaft, die bis zu Franz Josefs Tod, am 21. November 1916, anhalten sollte. Es ist also durchaus möglich, dass sich die beiden im März 1894 oder im April 1904 in der Villa Madonna getroffen haben, als der Kaiser den Kurort besuchte.

Nachdem Abbazia sich bereits einen Ruf als Zufluchtsort heimlich verliebter k.u.k. Beamte gemacht hatte, hätte man dort ein amouröses Treffen von Kaiser und Schauspielerin natürlich nur allzu gerne bewiesen. Doch Katharina Schratt gab in den vierundzwanzig Jahren, die sie den Kaiser überlebte, jedem interessierten Verleger und Literaten einen Korb.

Was uns diese Geschichte sagen will? Vielleicht dies: Das Glück genießt in der Villa Madonna Diskretion. Heute wie damals.

Auch wenn Kaiserin Elisabeth als große Liebe des Kaisers galt, stand er Katharina Schratt sehr nahe.

Die Innenräume der Villa blieben bis heute weitgehend unverändert und atmen die einzigartige Atmosphäre einer großen Geschichte.

Vom Reiz des Verbotenen

Der Mensch spielt, seit er ist. Man bedenke Adam und Evas Spiel mit dem Feuer (Apfel) und bestaune entsprechende Utensilien aus dem altertümlichen China, ägyptische Schriftstücke und antike Würfelbecher. In seinem Werk Germania erwähnt der römische Schriftsteller Tacitus die zügellose Würfelleidenschaft der ansonsten so sittsamen Germanen, die selbst in nüchternem Zustand Haus und Hof, ja sogar ihre eigene Freiheit verspielen würden. Grund genug, solcherlei öffentliche Abenteuer zu verbieten. Im 12. Jahrhundert verbot König Richard Löwenherz all jenen das Spiel um Geld, die nicht zumindest dem Ritterstand angehörten. Und über viele Jahrhunderte versuchten auf der ganzen Welt strenge Verbote, jede Art von Glücksspiel zu unterbinden. Alle einschränkenden Maßnahmen beflügelten diese jedoch nur einmal mehr – bis das Spiel mit dem Glück in Kurorten und Großstädten unter staatlicher Kontrolle wieder auflebte. Monacos prominentes „Casino von Monte Carlo“ erlangte seine heutige Berühmtheit übrigens erst durch das Glücksspielverbot in Deutschland und Frankreich.

Noblesse & Nervenkitzel

Der Begriff „Casino“ (ital. „kleines Haus“) bezeichnete ursprünglich kleine Sommerhäuser, die dem Vergnügen venezianischer Landleute dienten. Die Villa Madonna, in der sich seit 2002 das Rouletterad des „Casino Admiral Opatija“ dreht, überragte nach ihrer Erbauung im Jahr 1891 allerdings alle umliegenden Bauwerke. Der italienische Architekt Emilio Ambrosini verlieh ihr zudem durch zwei markante Kuppeltürmchen ein lokal einzigartiges Gesicht. Damals hieß das mondäne Gebäude noch „Villa Schalek“ und war in Besitz einer österreichischen Witwe, die bis 1909 sehr zurückgezogen darin lebte. Als Namensgeber gilt der jüdische Kaufmann Heinrich Schalek, der u. a. die Struktur der heutigen Werbeagentur ersann und eine bedeutende Tochter Österreichs hervorbrachte: Unter dem Pseudonym Paul Michaely arbeitete Alice Therese Emma Schalek zur Jahrhundertwende als Journalistin und Fotografin und stellte als einzige weibliche Kriegsreporterin im Ersten Weltkrieg ihren Mann. Kein schlechter Ort also für die Herausforderung von Glück und Schicksal.

Casino Admiral Opatija, Maršala Tita 131, 51410 Opatija, Tel. +385(0)51/6033 96, Öffnungszeiten: Live-Game-Casino: 20.00 Uhr bis 4.00 Uhr.
Von Juni bis September täglich Live-Musik und Tanz auf den Casinoterrassen.

Menschen im Hotel

Für die einen bedeutet ein Hotelaufenthalt Urlaub und Entspannung, für die anderen das tägliche Brot. Denn damit so ein grosses Quartier funktioniert, werden viele Hände gebraucht; insbesondere in einem Urlaubshotel. Im Miramar sind rund einhundert Mitarbeiter aktiv. Ein Blick hinter die Kulissen gefällig?

Morgens, 5.00 Uhr im Miramar: Der Nachtportier wird langsam müde. Im Garten zwitschern die ersten Vögel, doch der Rest des Hotels schläft noch. Wirklich? – nicht immer, denn Pooltechniker Tomo reinigt mehrmals im Monat in aller Herrgottsfrüh das Schwimmbad. Eine halbe Stunde später begrüßen sich die ersten Mitarbeiter mehr oder weniger munter: „dobro jutro, bog" – Guten Morgen, Grüß Gott. Küste und Meer sind jetzt in zartes Rosa getaucht, hie und da tuckert ein Fischerboot und die Gartenfronten der Gästevillen erstrahlen in Gold. Diese Morgenstunde hat wirklich magische Momente, und so mancher Gast tauscht jetzt sein Bett mit der Liege auf der Terrasse. Das Hotel erwacht.

Ab 6.00 Uhr wird die Frühstücksküche aktiv. Es duftet nach Brot und Brötchen und das Buffet wird mit jeder Minute bunter. Auch die Zimmermädchen sind schon unterwegs. Keine Angst – die Betten werden erst später aufgeschüttelt. Vorher wollen die Terrassenböden gewischt sein und auch die Reinigung des Wellness-Bereiches steht am Programm. Chef-Hausmeister Stojan checkt jetzt seinen Tagesplan, die Gärtner Duško und Đuka gießen die Blumen und bewässern den Rasen. Kurz nach 7.00 Uhr werden die ersten Tagesausflügler vor dem Hotel abgeholt und auf den Frühstücksterrassen gibt's Cappuccino in maritimer Pole-Position. Der Nachtportier macht sich auf den Heimweg. Im Büro von Direktrice Martina Riedl wird es indes geschäftig und um 8.30 Uhr bringen Nordic Walking oder Bauchtanz auch so manchen Gast in Bewegung.

Bis zum frühen Nachmittag herrscht Rush-Hour an der Rezeption: „Dobro došli" und „do viđenja" – „Willkommen" und „Auf Wiedersehen"! Und weil die Gäste auf den Gartenterrassen mittags ganz leger im Bademantel Snacks, leichte Grillgerichte und Salate genießen können, bleibt auch die Küche nicht kalt. Ab 14.00 Uhr dringen verführerische Düfte aus „Ankicas Patisserie". Und wenn die Tagesausflügler gegen 16.00 Uhr ins Hotel zurückkehren, sind Apfelstrudel, Mohr im Hemd oder Topfentorte bereits fertig. Die Vorbereitung des abendlichen Wahlmenüs ist in vollem Gange. Denn ab 18.30 Uhr soll der Urlaubstag so genussvoll wie möglich ausklingen. Dazu will auch die, für den Kurort traditionelle, Abendunterhaltung ab 21.00 Uhr beitragen. Gegen 23.00 Uhr hinterlassen Arthur Berger und sein Team eine blitzblanke Küche. Die Kellner servieren die letzten Gläser Wein. Um Mitternacht löscht Martina Riedl in ihrem Büro das Licht. Der Nachtportier hat an der Rezeption Position bezogen. „Laku noć" – Gute Nacht!

Sonnige Zeiten
für kroatische Weine

In vino veritas: In Kroatien werden authentische Weine gekeltert, die es oft nirgendwo sonst auf der Welt gibt. Einzelne wurden bereits an die Weltspitze degustiert. Istrien, Slawonien, Mittel- und Süd-Dalmatien haben dabei eindeutig die Nase vorn. Ein Abenteuerland für Liebhaber auf der Suche nach spannenden Charakteren und Aromen.

Seit etwa zehn Jahren beleben neue Philosophien, Kellertechniken und Vinifizierungsmethoden den kroatischen Weinbau, und es kann richtig Spaß machen, ein Menü durchwegs von einheimischen Weinen begleiten zu lassen:

Der elegant prickelnde Sekt „Misal" ist immer ein erfrischender Aperitif. Er wird unweit von Poreč nach traditioneller Champagnermethode produziert und gilt als bester Schaumwein Kroatiens. Die Rebsorte Žlahtina von der Kvarner-Insel Krk wiederum liefert die Basis für den Sekt Frajona und natürlich für unkomplizierte Trinkweine, die vor etwa fünfzehn Jahren groß in Mode kamen. Auch junge istrische Malvasier (S. 45) betätigen sich gerne als fruchtig-frische Genuss-Animateure, wobei diese Rebsorte inzwischen so vielfältig vinifiziert wird, dass sie nahezu alle Speisen passend begleiten kann. Einige istrische Traditionsweingüter wie Arman, Coronica, Degrassi, Kabola, Kozlović, Matoševič, Poletti, Pilato, Radovan und Zigante keltern auch interessante Chardonnays, Burgunder, Cabernets oder Teran. Die kontinentale Region Slawonien war einst beliebter Lieferant der Habsburger Höfe. Heute keltern die Paradewinzer Ivan Enjingi und Vlado Krauthaker neben dem traditionellen Graševina (Welschriesling) auch guten Zweigelt, hervorragende Rheinrieslinge (rajnski rizling), Sauvignons, Rotburgunder (Crni Pinot) und Traminer. Auf den dalmatinischen Inseln wiederum wurzelt die Weißweinrebe Pošip (Korčula) und die weltberühmte Rotweinsorte Mali Plavac (S. 45). Zu den bedeutendsten Winzern zählen dort Zlatan Plenković (Zlatan Plavac), Andro Tomić, Franjo Miloš, Ivo Skaramuča und Miljenko Grgić, der in den USA Berühmtheit erlangte und seit 1996 ein Weingut auf der Halbinsel Pelješac betreut. Auch namhafte Dessertweine, wie etwa der üppig-barocke Prošek „Hektorovic" (aus getrockneten Weintrauben von Maraština, Grk und Vugava), oder Prošek und Spätlesen von Mali Plavac stammen aus Mitteldalmatien. Das süße Istrien nimmt Malvazija und die einheimischen Raritäten Momjaner Muškat und Rosenmuskateller (Muškat ruža) als Basis für salonfähige Dessertweine und in Slawonien keltert Enjingi sehr gute Graševina-Spätlesen. Einige Weinkenner zählen die dichten, eleganten Eisweine und die Traminer- und Graševina-Auslesen des größten slawonischen Produzenten Kutjevački Podrumi zu den besten kroatischen Weinen überhaupt.

Obwohl bei diesem Streifzug durch Kroatiens Weinlandschaft viele Namen gefallen sind, fanden längst nicht alle guten Winzer Platz. Jahr für Jahr beleben neue Namen die Szene, und manchmal versteckt sich der Genuss in einem winzigen Weingut am Ende der Welt. Das Zauberwort heißt deshalb: unbedingt probieren!

Vinophile Patrioten

Kroatien zählt zwei autochthone Rebsorten zu seinem Glück: den trinkfreudigen „Istarska Malvazija" von der Halbinsel Istrien und den dalmatinischen „Mali Plavac" mit Potenzial für grosse Rotweine.

Urlaubsfreund aus Istrien

Mit der Wiedergeburt der istrischen Qualitätsweinszene vor etwa 15 Jahren, erkannten sowohl die Winzer, als auch die durchwegs weinverliebte Landesregierung der Halbinsel den unbezahlbaren Wert ihrer ureigenen Rebsorten Teran und Malvazija. Während der rote Teran derzeit von den Einheimischen noch am innigsten geliebt wird, kommt an der weißen Rebsorte Malvazija kaum ein Inselbesucher vorbei. Klassisch ausgebaut, ist so ein frisch-fruchtiger Malvazija nämlich der ideale Sommerwein und bewährt sich in all seinen Spielarten (auch als wunderbarer Dessertwein z. B. von Kozlović) als perfekte Weinbegleitung der istrischen Küche. Ausgewähltes Traubenmaterial wandert inzwischen auch in große oder kleine (Barrique-) Holzfässer und präsentiert sich dicht und kraftvoll. „Malvazija Istriana" wurzelt außerhalb des Landes nur noch vereinzelt im Friaul und beweist mit dem Duft von Akazienblüten und zartem Bittermandelaroma einen unverwechselbaren Charakter.

Kleiner Blauer aus Dalmatien

In Gebiet um die Insel Hvar führt Mali Plavac, die bedeutendste kroatische Rebsorte, einen stetigen Kampf ums Überleben. Vom frühen Sommer bis zur Lese regnet es hier so gut wie nie, und die niedrige, an Bonsai-Pflänzchen erinnernde, Stockkultur muss unterirdische Größe beweisen, um dem Kalksteinboden jeden Tropfen Feuchtigkeit abzuringen. Trotz aller Widrigkeiten liefern die Rebstöcke oft bis zu achtzig Jahre lang feinstes Grundmaterial für üppig-konzentrierte Sonnenweine mit prägnanter Würze, kraftvoller Tanninstruktur und klaren Beerenaromen. Als Grand Crus gelten die Lagen „Ivan Dolac" an der steilen Südküste von Hvar und „Dingač" auf der Halbinsel Pelješac mit Steillagen bis zu 60%. Hier ist es sogar für den Schimmelpilz zu karg, was den Einsatz von Fungiziden und Pestiziden erübrigt. Ein Elternteil der Kreuzung Mali Plavac gelangte übrigens von Kroatiens Inselwelt nach Kalifornien und machte dort als Zinfandel Karriere.

ZWEIGELT

FRAJONA

ARTHUR BERGERS

Sommermenü

Sommer! Die Strände werden von Tag zu Tag bunter und der Sprung in die Adria jagt einem dank angenehmer Badetemperaturen keinen Schrecken mehr ein. Während die Hitze in Istrien und Dalmatien bereits bis ins letzte Kaninchenloch gekrochen ist, sorgt das Mikroklima zwischen Berg und Meer an der Opatija-Riviera zwischendurch immer wieder für eine angenehm frische Brise. Meeresfrüchte, Schafkäse, luftgetrockneter Schinken, Tomaten, Paprika, würziges Olivenöl und mediterrane Kräuter machen's der Sommerküche leicht.

KULTURSOMMER & GRILLDÜFTE

Überall zwischen Volosko und Lovran wird getanzt und musiziert: Veranstaltungen wie das Liburnia Jazz-Festival im Juli, Theater auf der Freiluftbühne von Opatija, Konzerte und Tanzabende erfüllen laue Sommernächte mit Leben. Die Gäste des Miramar genießen Oper und Operette auf den Meer-Terrassen, wo es beim wöchentlichen Grillabend besonders verführerisch duftet.

Gegrillte Jakobsmuscheln

MIT MANGO, ROSA PFEFFER & SALATHERZEN

~

Tomaten-/Paprika-Kaltschale

MIT GAMBERI

~

Grießgnocchi

MIT KVARNER SCAMPI-RAGOUT

~

Seezungenschnitte

MIT OLIVENSABAYON & BALSAMICO

~

Getrüffeltes Kalbsfilet

MIT ERDÄPFELBISKUIT

~

Schaffrischkäse-Soufflé

MIT MARINIERTEN BEEREN

~

Gebackener Topfenkuchen

SÜSSE TRADITION VON ANKICA

FALLS NICHT ANDERS VERMERKT: ZUTATEN FÜR 4 PERSONEN

Gegrillte Jakobsmuscheln

mit Mango, rosa Pfeffer & Salatherzen

1. Die Mango schälen und (am besten mit einer Aufschnittmaschine) in hauchdünne Scheiben schneiden. Fruchtscheiben auf einer Platte auflegen und mit etwas Staubzucker bestreuen.
2. Für das Kräuter-/Knoblauch-Öl: Die Knoblauchzehe fein reiben, Petersilie und Rosmarinnadeln waschen, trocken tupfen und fein hacken. Mit den übrigen Zutaten und dem Olivenöl vermischen und mit etwas Salz abschmecken.
3. Die Jakobsmuscheln waschen und trocken tupfen. In einer beschichteten Pfanne kurz sehr heiß auf beiden Seiten braten. Die Dauer variiert mit der Größe der Muscheln; perfekt gebraten sind diese in der Mitte noch glasig. Mit Meersalz und Cayennepfeffer würzen.
4. Die Salatherzen waschen, trocken tupfen und auf vier Tellern anrichten. Die Mangoscheiben dazu setzen, mit Kräuter-Knoblauchöl beträufeln und etwas rosa Pfeffer darüber mahlen. Mit den Kräutern garnieren.

WISSENSWERTES:

Die Jakobsmuschel ist eine der aromatischsten Adriamuscheln und wird auch „Pilgermuschel" genannt, da ihre stärker gebogene Hälfte von den Jakobspilgern im Mittelalter als Erkennungszeichen an Hut oder Mantel getragen wurde. Damals wurde sie am Grab des heiligen Jakobus in Santiago de Compostela verkauft, pinnt bis heute oft sichtbar am Pilger-Rucksack und dient auch im deutschsprachigen Raum als Wahrzeichen des Pilgerweges.

ZUTATEN:

12 Jakobsmuscheln
1 EL Olivenöl
Meersalz
Cayennepfeffer
1 reife Mango
Staubzucker
1 TL rosa Pfeffer
1 handvoll Salatherzen (z. B. Ruccola, Kopfsalat, Lollo rosso)
1 EL Kräuter-/Knoblauch-Öl
Kräuter zum Garnieren: Kerbel, Basilikum, Petersilie

FÜR DAS KNOBLAUCH-/ KRÄUTER-ÖL:

4 EL Olivenöl
1 Knoblauchzehe
1 TL Petersilie
1 TL Rosmarin
ein Spritzer Zitronensaft
eine Prise Salz

Tomaten-Paprika-Kaltschale

mit Gamberi

1. Tomaten und Paprika waschen und trocken tupfen. Aus den Tomaten den Strunk herausschneiden. Die Paprikaschoten der Länge nach halbieren, Stiel und Kerngehäuse entfernen. Beide Gemüse grob würfeln.
2. Tomaten- und Paprikawürfel mit Tomatensaft, Olivenöl und Gewürzen in einen Mixbecher geben und kräftig mixen (alternativ: mit dem Pürierstab). Durch ein Sieb drücken und kaltstellen.
3. Die Gamberi zum Auftauen kurz in kochendes Wasser geben und kalt abspülen. Mit der Tomaten-Paprika-Kaltschale in tiefen Tellern anrichten. Mit den Kräutern garnieren.

ZUTATEN:

500 g vollreife Tomaten
¼ l Tomatensaft
1 rote + 1 gelbe Paprika
2 EL Olivenöl
1 Prise Salz
1 Msp. Ingwer
1 Prise Zucker
1 Spritzer Tabasco + etwas Zitronensaft
4 EL TK-Gamberi (Shrimps)
Kräuter zum Garnieren:
Basilikum, Rosmarin, Zitronenthymian

Grießgnocchi

mit Kvarner-Scampi-Ragout

1. Ofen auf 180° (Umluft 160°) vorheizen. Für die Gnocchi die Milch in einem Topf mit der Butter aufkochen. Grieß unter rühren einrieseln lassen. 10 Minuten köcheln, mit Salz und etwas frisch geriebenem Muskat würzen und leicht abkühlen lassen.
2. Ei und Parmesan unter die abgekühlte Grießmasse rühren und alles ca. 2 cm dick auf ein gebuttertes Blech streichen. Erkalten lassen, halbmondförmig (oder nach Belieben) ausstechen und auf ein gebuttertes oder mit Backpapier belegtes Blech setzen. Im vorgeheizten Ofen goldgelb backen.
3. Das Gemüse in sehr feine Würfel schneiden und in kochendem Salzwasser blanchieren, absieben. Estragon waschen und schneiden. Sahne und Cognac mit Gewürzen etwas einkochen und mit dem Stabmixer mixen. Scampifleisch und die gekochten Gemüsewürfel dazu geben und kurz darin ziehen lassen (nicht mehr erhitzen). Estragon und die 2 EL geschlagene Sahne vorsichtig unterheben. Mit den Grießgnocchi anrichten.

ZUTATEN FÜR DIE GNOCCHI:

500 ml Milch
100 g Weizengrieß
50 g Butter
Salz, Muskatnuss
1 Ei
2 EL Parmesan, frisch gerieben

FÜR DAS SCAMPI-RAGOUT:

200 g ausgelöstes Scampifleisch
1 Karotte + 1 gelbe Rübe (alternativ: eine Fenchelknolle)
¼ l Sahne
2 cl Cognac
Salz, Pfeffer
1 Prise Zucker
1 TL frischer Estragon
2 EL Schlagsahne

Seezungenschnitte

mit Olivensabayon & Balsamico

1. Für die Balsamicoreduktion den Essig mit 1 EL Zucker bei sehr kleiner Hitze auf die Hälfte sirupartig einkochen lassen. Dabei öfter mit dem Schneebesen umrühren. Zur Seite stellen.

2. Für die Farce die Spitzen der Seezungenfilets (80 g) und die Sahne gut kühlen. Filets in kleine Stücke schneiden und in einem Mixer zerkleinern. Sahne nach und nach zugießen und mit dem Fischfilet zu einer homogenen Masse verrühren. Mit Salz, Cayennepfeffer und Zitronensaft abschmecken.

3. Die Seezungenfilets waschen und trocken tupfen. Je ein Filet auf der abgezogenen Hautseite dünn mit Farce bestreichen, mit einem zweiten Filet abdecken und die Farce rundherum auftragen. Diese „Filet-Sandwiches" in ein ofenfestes Geschirr legen und im vorgeheizten Backofen ca. 8 Minuten garen. Aus dem Ofen nehmen und mit Alufolie abgedeckt an einem warmen Ort ruhen lassen.

4. Für die Sabayon die Eidotter mit dem Fischfond, dem Zitronensaft, Salz und Pfeffer über Wasserdampf schaumig schlagen. Olivenöl in einem dünnen Strahl zugießen und alles zu einer cremigen Sauce aufschlagen.

5. Die Seezungenfilets auf Tellern anrichten und mit der Sabayon überziehen. Mit einem Teelöffel die Balsamicoreduktion in dünnen Fäden darüber verteilen.

ARTHUR BERGERS WARENKUNDE:

In der Tarer Bucht bei Novigrad, wo der Fluss Mirna aus dem Inland in die kristallklare Adria mündet, hält sich die Seezunge besonders gerne auf. Man schmeckt's, behaupten Kulinariker und attestieren dem Plattfisch aus der Adria besondere Zartheit.

ZUTATEN:

8 Seezungenfilets ohne Haut

⅛ l Balsamico (Balsamessig)

1 EL Zucker

FÜR DIE FISCHFARCE:

80 g Seezungenfilet (ev. die Spitzen der o. a. Filets)

65 ml Sahne

Salz, Cayennepfeffer

ein Spritzer Zitronensaft

FÜR DIE SABAYON:

2 Eidotter

65 ml Fischfond aus dem Glas

Zitronensaft, Cayennepfeffer

125 ml mildes Olivenöl

Getrüffeltes Kalbsfilet mit Erdäpfelbiskuit

1. Backofen auf 180 ° (Umluft 160 °) vorheizen. Für das Erdäpfelbiskuit die Erdäpfel 30 Minuten in Salzwasser kochen, schälen, durch eine Presse drücken und abkühlen lassen. Eier trennen. Eiklar mit einer Prise Salz zu Schnee schlagen. Zimmerwarme Butter cremig rühren und die Dotter nach und nach einarbeiten.
2. 100 g der abgekühlten Erdäpfelmasse und das Mehl wechselweise einrühren und den Eischnee unterheben. Biskuitmasse ca. 5 mm dick auf ein mit Backpapier ausgelegtes Blech streichen und im vorgeheizten Backofen 5–8 Minuten backen. Die Masse sollte kaum Farbe annehmen. Auskühlen lassen und der Länge nach in drei Streifen teilen.
3. Die restlichen gepressten Erdäpfel mit 2 EL Cremespinat vermischen, auf das Biskuit streichen und einrollen. Lauch putzen, nach Wunsch in kleine Stangen ablängen und in Salzwasser 1–2 Min. kochen. Danach mit eiskaltem Wasser abschrecken und zur Seite stellen.
4. Die Butter in einer ofenfesten Pfanne erhitzen. Das Kalbsfilet darin rundherum anbraten. Fleisch in den vorgeheizten Backofen schieben und 8–10 Minuten garen. Im Kern sollte es noch rosa sein. Gegen Ende der Garzeit Trüffel über das Filet hobeln oder Trüffelbutter in die Pfanne geben. Das Fleisch salzen, pfeffern und zugedeckt an einem warmen Ort ruhen lassen.
5. Erdäpfel-Biskuitrolle in 2 cm dicke Scheiben schneiden und im Ofen erwärmen. Lauch kurz in einer Pfanne mit etwas Butter anschwitzen und mittig auf die Teller geben. Fleisch in 3 cm dicke Tranchen schneiden und auf den Lauch setzen. Mit Erdäpfelbiskuit und etwas Bratensaft anrichten. Eventuell frische Sommertrüffel darüber hobeln.

ZUTATEN FÜR DAS ERDÄPFELBISKUIT:

400 g mehlige Erdäpfel (Kartoffeln)

4 Eier

80 g Butter (Zimmertemperatur)

80 g glattes Mehl

2 EL Cremespinat

Salz

ZUTATEN FÜR DAS KALBSFILET:

2 EL Butter

500 g Kalbsfilet

1 frische Sommertrüffel oder Trüffelbutter

Salz, Pfeffer

Dazu:
350 g junger Lauch oder Frühlingszwiebeln

ZUTATEN FÜR DIE FÜLLUNG:

3 Eier

200 g Schaffrischkäse

30 g Kristallzucker

100 g Sauerrahm

30 g Stärkemehl (z. B. Maizena)

5 EL Milch

Vanillezucker

Schale von ½ ungespritzten Zitrone

Schale von ½ ungespritzten Orange

Butter und Zucker für die Förmchen

FÜR DIE MARINIERTEN BEEREN:

200 g frische Beeren (z. B. Himbeeren, Brombeeren)
etwas Orangenlikör (z. B. Grand Marnier)
½ EL Staubzucker
1 Schuss Kokossirup (gut sortierte Getränkeabteilungen)
Minze für die Dekoration

Schaffrischkäse-Soufflé

mit marinierten Beeren

1. Backofen auf 200° Ober- und Unterhitze vorheizen. Die Beeren putzen, waschen und gut abtropfen lassen. Mit Staubzucker, Orangenlikör und Kokossirup marinieren und abgedeckt zur Seite stellen.

2. Für das Soufflé die Eier trennen. Schaffrischkäse mit Eidotter, 1 EL Zucker, Sauerrahm, Stärkemehl, Milch, einer Prise Vanillezucker, Orangen- und Zitronenschale mit dem Stabmixer pürieren und durch ein Sieb streichen. Eiklar mit dem restlichen Zucker zu Schnee schlagen und unter die Frischkäsemasse ziehen.

3. Um ein Übermaß an Oberhitze zu vermeiden, ein Backblech in die obere Schiene des Ofens schieben. Souffléförmchen oder ofenfeste Gläser mit Butter einfetten und mit Zucker ausstreuen. ⅓ der Form mit den marinierten Beeren befüllen, darauf die Soufflémasse geben. Förmchen in ein tiefes Backblech mit heißem Wasser stellen (mittlere Schiene) und im vorgeheizten Ofen ca. 20 Minuten garen.

4. Die Soufflés mit den restlichen marinierten Beeren und Erdbeereis anrichten. Als Alternative passt auch Vanilleeis gut dazu. Mit Minzeblättchen garnieren.

Gebackener

Topfenkuchen

Süsse Tradition von Ankica

1. Backofen auf 180° (Umluft 160°) vorheizen. Zutaten rechtzeitig aus dem Kühlschrank holen – sie sollten bei der Verarbeitung Zimmertemperatur haben. Alle Zutaten kurz zu einem geschmeidigen Mürbteig verkneten, in zwei Teile teilen und cirka 3 mm dick ausrollen.

2. Für die Füllung das Eiweiß mit dem Kristallzucker und einer Prise Salz schaumig schlagen. Den Topfen mit den restlichen Zutaten verrühren. Das geschlagene Eiweiß unterheben und vorsichtig vermischen.

3. Eine kleine, tiefe Backform mit Butter auspinseln und mit Mehl bestäuben. Eine Teigplatte auf den Boden legen und die Füllung gleichmäßig darauf verteilen. Mit der zweiten Teigplatte abdecken und im vorgeheizten Backrohr ca. 30 Min. backen. Auskühlen lassen, in Stücke schneiden, mit Staubzucker bestreuen und servieren.

ZUTATEN FÜR DEN TEIG:

- 250 g Mehl
- 100 g Butter
- 2 Eigelb
- 50 g Staubzucker
- 2 EL Sauerrahm
- ½ Pkg. Backpulver
- 1 TL Vanillezucker
- ½ Zitronenschale
- ½ EL Rum

FÜR DIE FÜLLUNG:

- 250 g Topfen (Quark)
- 100 g Kristallzucker
- 1 Pkg. Vanillezucker
- 2 EL Rosinen – in Wasser eingeweicht
- 2 Eiweiß
- 1 Prise Salz
- ¼ Zitronenschale
- 1 TL Rum
- Staubzucker zum Bestreuen

Die Aromen des Südens

Für einen Koch hat dieser Erdstrich etwas „Schlaraffisches“. Fischer, Jäger, Landwirte, Winzer und Trüffelsucher schöpfen hier aus einem überreichen Produktangebot, und auf den Märkten werden viele natürliche Erzeugnisse aus bäuerlichen Familienbetrieben angeboten. Weil diese Köstlichkeiten zu Monarchiezeiten besonders gerne von „Königs und Kaisers“ verspeist wurden, nannte man die Halbinsel Istrien damals auch „die Speisekammer der Könige“.

TRGOVAČKA RADN
“OBŠIVAC
TRGOVINA VOĆEM I POV
PRODAJA, UZGOJ I SAKU
TRAVA I MJEŠAVINA ČA
SMOKVA
30,00
ŠLJIVA
28,00
SUHI (MLADI)
VRGANJI
50,00 kn

Marktfrisch,
süß & saftig

Maroni von Lovran

Oberhalb der Opatija-Riviera gedeiht am Fuße des Učka-Gebirges eine Esskastanienart mit ausnehmend prächtigen Früchten. In ärmeren Zeiten wurde daraus Mehl hergestellt, heute gibt man sich lukullischeren Genüssen hin: Bei der „Marunada“ im Oktober bevölkern Maronibrater die Plätze von Küstenstädten und Bergdörfern, Kaffeehäuser offerieren Kastanienigel und Maronentorten und in vielen Restaurants findet man die Edelkastanie als Beilage in Suppen und Desserts.

Wildspargel

Als einer der ersten natürlichen Vitaminlieferanten des Jahres ist der grüne Wildspargel ein Liebkind der Einheimischen und wird traditionell als Frittata (im Omelett) genossen. Die „Urform“ der Pflanze wurde bereits in ägyptischen Gräbern abgebildet und viele alte Kulturen schätzten ihren medizinischen Wert. Auch das Baseler Kräuterbuch von 1664 bescheinigt dem Wildspargel eine weit größere Heilwirkung, als dem Küchenspargel. Einige Istrier würdigen das edelbittere Gemüse sogar mehr als ihren weltberühmten Trüffelpilz.

Lovraner Kirschen

Prall, süß und saftig sind die Kirschen, die auf den Bergterrassen oberhalb von Lovran gedeihen. Die nächtlichen kühlen Winde vom Gebirge und die milden Einflüsse der nahen Küste bescheren den Früchtchen ein ideales Mikroklima. Bei den traditionellen „Kirschtagen“ im Juni kann man „lovranske tresnje“ in Restaurants und Kaffeehäusern in vielen Varianten probieren. Einen Höhepunkt bildet Mitte des Monats das große „Fest der Kirschen“ auf dem festlich geschmückten Hauptplatz von Lovran.

Lorbeer

Salbei, Rosmarin, Lavendel, Thymian, Basilikum und Wachholder prägen die Düfte des Mediterran. Doch an der Opatija-Riviera spielt der Lorbeer die Hauptrolle. Sein Odeur lässt Mücken buchstäblich verduften. Zu Beginn des Tourismus warb man in den Reiseführern, dass „Abbazzia“ aufgrund seiner Lorbeerhaine frei von Moskitos sei. Auf menschliche Nasen wirkt die frühlingshafte Blüte des Lorbeers verführerisch und seine Blätter verleihen Suppen und Soßen aromatische Würze.

Granatäpfel

Zwischen September und Dezember liegt die Erntezeit der Granatäpfel. Eine bizarre Frucht, die schon Urmutter Eva verführt haben soll, seit Jahrhunderten Farbstoff für Orientteppiche liefert und die Medizin durch eine Vielfalt an positiven Wirkungen begeistert. Ihr kernhaltiges Fruchtfleisch schmeckt aus der Schale gelöffelt, verfeinert Wild- und Geflügelgerichte und lässt als Grenadinesirup den Cocktail „Tequila Sunrise“ erröten. Kenner kneten die Schale weich, stechen ein Loch hinein und drücken sich den Saft direkt in den Mund.

Feigen

Der vor langer Zeit vom Nahen Osten auf die Halbinsel gewanderte Feigenbaum wurzelt bevorzugt auf kargem Felsengrund und produziert mit seinen feinsäuerlich-süßen Früchten echte Energiebomben. Frisch vom Baum lassen sich diese prima auslöffeln oder, etwas weniger elegant, von der umgestülpten Schale nagen. Zusammen mit Lorbeerblättern werden getrocknete Feigen zu Kränzen gebunden und auf den Märkten verkauft – ein ebenso leckeres Souvenir wie Feigenmarmeladen und -chutneys.

Die Natur deckt den Tisch

JAHRHUNDERTELANG WAR DAS HINTERLAND DER HALBINSEL ISTRIEN VON ARMUT GEPRÄGT. GEGESSEN WURDE, WAS DRAUSSEN GERADE SPROSS, SCHWAMM UND SPRANG. UND DIE NATUR MEINTE ES GUT MIT DEN MENSCHEN: FISCHE, WILD, GEMÜSE, BAUMFRÜCHTE, WALDBEEREN, PILZE UND HONIG BESTIMMTEN DAMALS WIE HEUTE DIE SPEISENKARTE. NUR DER WERTVOLLE TRÜFFELPILZ SCHLUMMERTE LANGE ZEIT UNBEMERKT UNTER DER ERDE.

Mythos Trüffel

Dass die Eichenwälder des Mirnatales eine kulinarische Goldader hüten, wissen die Istrier erst seit dem vorigen Jahrhundert – lange, nachdem das Piemont den Rest der Welt von der kulinarischen Spitzenqualität seiner Alba-Trüffel überzeugt hatte. Die Italiener waren dann auch die ersten Abnehmer, nachdem man den Bodenschatz in den Wäldern um das istrische Burgstädtchen Motovun gefunden hatte und freuten sich über die günstigen Preise in der Nachbarschaft.

Heute sind Istriens Trüffel in der Weltküche zwar noch nicht so bekannt wie ihre Vertreter aus Alba, überzeugen aber immer mehr europäische Spitzenköche.

Etwa 20 Zentimeter unter der Erde gedeihen über das Jahr verteilt sieben schwarze und drei weiße Trüffelarten in Symbiose mit den Wurzeln von Eiche, Pappel, Weide, Linde und Nussbaum. Die schwarze Sommertrüffel lässt sich zu herrlichen Saucen verarbeiten und über vielerlei Gerichte hobeln. Die in Duft und Geschmack wesentlich intensiveren weißen Wintertrüffel (Tuber magnatum pico) werden zwischen Oktober und Januar von ausgebildeten Trüffelhunden erschnüffelt. Schwein muss man zur Trüffelsuche entgegen der landläufigen Meinung nämlich nicht haben: Mischlingshunde lassen sich viel einfacher darauf trainieren, ihre verführerische Ernte nicht sofort nach dem Ausgraben zu verschlingen. Auf diese Weise bleibt die Edelknolle den Feinschmeckern erhalten, die Istrien dafür bevorzugt außerhalb der Sommermonate aufsuchen. Denn in dieser Zeit beherrscht das unvergleichliche Trüffel-Aroma nahezu alle regionalen Küchen. Urige Konobas würzen damit traditionell Eierspeisen, Fleisch und die Lokalnudel „Fuži“ und in Gourmetrestaurants finden sich neben diesen Klassikern auch neue kreative Trüffelgerichte.

Wissenschaftliche Studien bezeugen dem „Whitestar“ von Istrien eine mit der Alba-Trüffel identische Genetik, und die Motovuner Wälder gelten mit 900 ha als weltweit größtes Fundgebiet. Kleine Mengen werden auch im Čepić-Feld bei Labin gefunden.

Die Adria BESTIMMT DEN GESCHMACK IHRER BEWOHNER. VOM BORAWIND AN LAND GETRAGEN, WÜRZT DAS MEERSALZ AUCH DIE KRÄUTER AUF DEN WEIDEN UND DEN ROHSCHINKEN AM DACHBODEN.

Pršut & Käse

An diese schöne Tradition könnte man sich gewöhnen: Betritt ein gern gesehener Gast das Haus eines Einheimischen, wird ihm zum Wein oft ein Teller mit Pršut (Rohschinken) und Käse serviert. Nahezu jede Bauernfamilie produziert diesen Schinken selbst. Dazu wird die Hinterkeule eines sorgsam gefütterten Schweines mit Salz, Pfeffer, Lorbeer, Rosmarin und gelegentlich auch Knoblauch gewürzt und mindestens ein Jahr lang am Knochen gereift. Pršut aus Dalmatien hängt noch kurz in der Räucherkammer, doch auch ihm verleiht der winterliche Borawind den letzten Schliff. Der beste Pršut kommt immer vom Bauern und liebt die Liaison mit Hartkäse. Überhaupt sind die Kroaten eingefleischte Milchproduktefans – die Förderung von Käse und Sahne wurde in der Vergangenheit schon zum Wahlkampfthema. Jeder Landesteil kennt seine eigenen Spezialitäten: In der Kvarner Region schmeckt der Frischkäse Skuta, der salzige „Lički Škripavac“ quietscht herrlich zwischen den Zähnen, auf Krk und Rab werden gute Schafkäse produziert und der ‚paški sir' von der Insel Pag ist über die Grenzen hinaus berühmt. Für den echten Pager Schafkäse darf nur die von Meersalz und Kräutern geschwängerte Schafmilch der Insel Pag verwendet werden. Die Schafzüchter selbst produzieren oft die besten Qualitäten.

Fangfrischer Adria-Fisch

Mit ihrer pikanten Süße stellen die in der Kvarner Bucht heimischen Scampi Spezies aus anderen Regionen gekonnt in den Schatten. Roh mit Olivenöl, Zitronensaft, etwas Meersalz und Pfeffer mariniert, sind sie ein Hochgenuss, begeistern aber auch gegrillt, „na buzara“ (mit Gemüse geschmort) oder in Pasti und Risotti.

Auch die Meeresspinne gilt als rare lokale Genussgröße. Ihr bestes Fanggebiet liegt vor Medulin am Südzipfel Istriens, und das hummerartige Krabbenfleisch muss zuerst mühsam ausgelöst werden, bevor es als „Krebssalat“ offeriert wird. Weil der Wildfang aus der Adria besonders in den Sommermonaten nicht alle Fischgelüste stillen kann, erhält er Verstärkung von Zuchtfischen aus kontrollierten Marikulturen. Wolfsbarsch und Goldbrasse eignen sich gut dafür und das Süß- und Salzwassergemisch von Fjorden (z. B. Limski-Fjord) und Flussmündungen bietet auch Muschel- und Austernzucht beste Bedingungen.

In der nördlichen Adria sind Tintenfische, Oktopoden, Rotbarben, Seeteufel, Petersfische, Zahnbrassen, Seezungen, Drachenkopf und Hummer zu Hause, doch für so manchen Fischer gibt es nichts Besseres, als frisch gefangene Sardinen vom Grill.

CIJENA:
1 kg.
120,00

Grünes Gold – Olivenöl

In der Antike galten die Olivenöle von den Kvarner Inseln, Dalmatien und Istrien als Goldstandard, an deren Qualität alle anderen Mittelmeeröle gemessen wurden. Bis zum Ende der k.u.k. Monarchie zählten sie zu den begehrtesten Exportgütern. Nach einer Art „Lähmungszustand" in der kommunistischen Ära erlebt das lokale Olivenöl heute eine fulminante Renaissance. Aktuell finden sich allein zehn „Istrier" unter den hundert besten Olivenölen der Welt (Olivenöl-Guide L'extravergine). Dabei gilt die Halbinsel als nördlichstes Anbaugebiet – „weiter oben" würden die Bäume im Winter erfrieren. Intensive Aufforstungen und die Rekultivierung alter Terrassenplantagen lassen hier wieder eine Million Olivenbäume wurzeln. Ein Dutzend Olivensorten wird zu Blends (Sortenmischungen) oder reinsortigen Ölen ausgebaut, was von apfelfruchtig bis nussig-herb nahezu jeden Bedarf bedient. Die mehr oder weniger bittere Note gilt übrigens als Qualitätsmerkmal – ein bisschen sollte hochwertiges „Extravergine" (extranatives Olivenöl) also im Hals kratzen…

Kraft aus dem

Die Kraft aus dem Meer! Seitdem der Mensch das Meer als Mutter jeder Daseinsform kennt, hat er sich dessen lebensspendende Kraft zunutze gemacht.

Meer

Der beheizte Meerwasserpool im Miramar verbindet „Innen" und „Außen" gleich in mehrerer Hinsicht.

Ohne die Adria gäbe es die Stadt Opatija nicht – zumindest nicht in ihrer heutigen Form. Denn der einst von Macchia überwucherte, teils sumpfige Küstenstreifen wurde in der zweiten Hälfte des 19. Jahrhunderts allein wegen des Meeres und den damit verbundenen Annehmlichkeiten urbanisiert. Nach geografischen Verlusten in Italien befand sich die Doppelmonarchie Österreich-Ungarn damals auf der Suche nach einem geeigneten Standort für ein thalassotherapeutisches Kurbad, wie es in England, Frankreich und Deutschland gerade in Mode gekommen war. Ein „Bad Ischl am Meer" musste her. Friedrich Julius Schüler, Generalinspektor und Direktor der Südbahngesellschaft entdeckte als idealen Standort schließlich die liburnische Küste. Der Visionär in Sachen Qualitätstourismus erwies sich (bis heute) als größter Investor der Region. In nur drei Jahrzehnten wurde das mondäne Abbazia unter seiner Federführung geschaffen. Namhafte österreichische Ärzte, wie der Chirurg Theodor Billroth, der Balneologe Julius Glax, der Pathologe Rudolf Virchow und der Laryngologe Leopold Schrötter von Kristelli schickten ihr betuchtes Klientel zur Kur an die neue österreichische Riviera und sorgten so dafür, dass sich die gigantischen Investitionen bezahlt machten. Die Adria selbst unterstützte Therapien wie „Spaziergänge im heilsamen Meeresaerosol" „Mast- und Entfettungscuren" oder „kalte und warme Meerwasserbäder". Dass die Kraft des Meeres dem menschlichen Verstand sogar überlegen ist, lässt der große Erfolg des Abbazianer Franzbranntweins „Laurol" vermuten, der, mit Meerwasser versetzt, nicht nur Schmerzen stillte und die Nerven beruhigte, sondern auch als Mundwasser, Haarpflege- und Massagemittel sowie gegen Insektenstiche und als Hautpflege zum Einsatz kam. Bald nutzten auch ungarische und einheimische Mediziner die Heilwirkung der Destination, und Abbazia wurde zum florierenden Kurort – bis die beiden Weltkriege alles durcheinander brachten...

Mit dem Internisten und Herzspezialisten Čedomil Plavšić und seinen innovativen medizinischen Rehabilitationstherapien zeigte Opatija nach 1955 zwar noch einmal kurz auf, musste dann aber fast ein halbes Jahrhundert auf seine gesundheitstouristische Renaissance warten. Heute heißt das Zauberwort „Wellness" anstelle von „Cur", doch die Bedeutung ist gleich geblieben; „man nutze die Kraft des Meeres und stärke damit Körper und Seele..."

Wasser verbindet

Als Meister der Genuss- und Körperkultur erbauten die Römer ihre erste Wasserleitung bereits 305 v. Chr. und holten damit eines der wichtigsten Bestandteile ihrer Lebenskultur in die Stadt. Ölmassagen, Sand- und Salzbäder waren für die Männer in den Badehäusern ebenso selbstverständlich, wie die Naturkosmetik aus Ölen, Blüten, Sand und Salz für die Frauen. Und das Element Wasser vervollständigte die Wirksamkeit von Heil- und Pflegemitteln durch seine verbindende Kraft. Die Menschen nahmen sich Zeit, trafen Freunde, plauderten und philosophierten – eine fast schon vergessene Medizin. Auch zu Kaisers Zeiten war die Kommunikation unter den Kurgästen wertvoller Bestandteil jeder Therapie. Und weil man sich heute besonders gerne am Kamelienbrunnen im Herzen des Hotelgartens trifft, hat der österreichische Wasserbildhauer Prof. Hans Muhr damit nicht nur ein Kunstwerk, sondern auch eine wohltuende Brücke zwischen den Menschen geschaffen.

Mehr vom Meer

Durch die enge Zusammenarbeit mit dem führenden österreichischen Wellnesshotel Salzburgerhof, genießen die Gäste des Miramar einen lokalen Wohlfühlbonus: Über das Stammhaus gelangen neue exklusive Beauty- und Kosmetiklinien sehr schnell auch an die Adria, und die Mitarbeiter (Massage, Physiotherapie, Kosmetik) frischen ihre Fachkenntnisse beim „Überwintern in Zell am See“ immer wieder auf. Dass maritime, medizinisch-kosmetische Behandlungen an der Adriaküste quasi eine Doppelwirkung besitzen, darf man annehmen. Die Luxus-Produktserien wie Thalgo, Biosel und St. Barth packen die Kraft von Meerwasser, Meersalz, Meeresalgen und Meeresschlamm in Regenerationsbäder, Entschlackungspackungen, Peelings, Wirkstoffampullen oder Gesichtspflegeprodukte, die übrigens immer mehr Männer schätzen. Zusätzlich kommt frisches Obst, wie etwa Papaya oder Ananas, zum Einsatz und Olivenöl unterstützt als äußerlich wirksame Medizin viele Pflegebehandlungen.

Oben: Olivenöl für die Schönheit
Unten: Alles, nur kein Stress – Ayurveda
Links: Auch der Kamelienbrunnen ist ein Seelenfreund

Entdeckungs-reisen und

Wie die Berufsbezeichnung unschwer vermuten lässt, gehört ein Küchenchef in die Küche und nicht an den Strand. Ja, es gibt durchaus Tage, an denen ein Koch zwischen Töpfen und Tellern gar nicht weiss, ob die „ferne Aussenwelt“ gerade von Regen oder Sonnenschein regiert wird. In der Freizeit allerdings ist die Nähe zum Meer ebenso ein Gewinn, wie der Katzensprung in die Berge. Nur Urlaub ist schöner!

Ausflüge

Das beim Frühstück wahrgenommene Blau der Entfernung verwandelt sich auf der Insel in tausend Farben.

Beli – eine Reise auf die Insel Cres

Ab in den Süden! Ein Tagesausflug auf die Insel Cres bietet so ziemlich alles, was die Region auszeichnet.

Beim Frühstück auf der Meeresterrasse des Hotels nehmen wir unser Ausflugsziel ins Visier: unter dem blauen Morgenhimmel ragt die blaue Insel Cres aus dem ebenso blauen Meer – mal sehen, ob man vor Ort auch andere Farben kennt. Mit dieser Frage reisen wir durch die Küstenorte Richtung Süden, was dem Fahrer zu Stoßzeiten durchaus Nerven abverlangen kann. Die restliche Besatzung allerdings hat viel Zeit, die prächtigen großen Villen, die charmanten kleinen Domizile und die üppige Pflanzenwelt des Mediterran zu bestaunen. Vorbei an den idyllischen Yachthäfen von Ičići und Ika führt die Küstenstraße durch die mittelalterliche Villenstadt Lovran und über den Badeort Moščenička Draga, bis sie nach 25 Kilometern (vom Hotel) linkerhand einen Arm Richtung Brestova ausstreckt, wo in der Hochsaison alle 30 Minuten eine Autofähre zur Insel übersetzt. Fünf Serpentinenkilometer später ist das Tickethäuschen von „Jadrolinja“ erreicht. Rasch ein Ticket für Mensch (ca. € 2,–) und Maschine (PKW ca. € 13,–) gekauft und ab auf die Fähre. Auf der Insel winden wir uns, vorbei an Bienenstöcken (toller Salbeihonig!), die Serpentinen zum Kamm des Berges Sis hinauf (etwa bei km 43 ab Miramar). Auf 650 m Höhe fällt hier die Straße beiderseits steil ins Meer hinab, und es lohnt sich wirklich, stehen zu bleiben, um die Aussicht zu genießen und via Schautafel etwas über das Naturschutzgebiet und den Gänsegeier zu erfahren. Mit einer Flügelspannweite von 2,8 m sind diese Greifvögel die größten Vögel an unserem Himmel. Eine schmale Straße führt von hier über sieben abenteuerliche Kilometer zu dem entzückenden Bergdörfchen Beli – eine prähistorische Wallburg, die schon seit mehr als 4.000 Jahren ständig bewohnt ist. Spätestens hier erinnern wir uns an die „Farbenfrage“ vom Frühstückstisch. Die Antwort: Die Insel kennt tausend Farben: weißes Karstgestein wächst aus rostroter Erde, Pinien, Salbei und Rosmarin blühen, wilde Orchideen säumen den Wegrand.

Kurz vor Beli gelegen, macht das „Eko-Centar Caput Insulae“ über den Gänsegeier schlau. In der kühlen Loggia der gastfreundlichen „Gostionica Beli“ ergattert man mit etwas Glück frisch zubereitete Lammleber, ein abwechslungsreicher Skulpturenweg will bewandert sein und direkt bei der Gostionica führt ein Pfad zu einem idyllischen Kieselstrand, der sich 130 m Meter weiter unten in die Felswand schmiegt. Viele Gründe zum Wiederkommen!

Dieser paradiesische kleine Strand versteckt sich in einer Bucht bei Beli.

Tagestrips

Mehr erleben!

Mussestunden und Meeresrauschen. Faul im Liegestuhl lümmeln und nichts tun, ausser Nichtstun. Die Sonne des Südens spüren, tief durchatmen und in einen Zeitraum ohne Termine, Uhren und Pflichten abtauchen. Solchermassen vom Alltag abgedriftet, macht es gleich doppelt so viel Spass, Land und Leute zu entdecken.

Urlaub für den Autoschlüssel

Wer auch seinen Wagen in die Ferien geschickt hat, findet als Hotelgast Tag für Tag die Möglichkeit zu gemütlichen, sportiven, abenteuerlichen oder kulturell wertvollen Entdeckungsreisen mit der Reisegruppe. Dabei werden die Hotelgäste morgens mit einem Bus beim Hotel abgeholt und nachmittags wieder zurückgebracht. Als einer der beliebtesten lokalen Guides gilt Reiseführer Neven, der erstens ein attraktiver Bursche ist, zweitens hervorragend Deutsch spricht und drittens Touren anbietet, bei denen sich Land und Leute besonders gut entdecken lassen. Bei der „Istrien Gastro-Tour" lernt man den Wein und die Küche der Halbinsel kennen, ein Wanderausflug zum Nationalpark Risnjak führt durch unberührte Natur zum Gipfel auf 1528 Metern und das Programm „Mit dem Zug und zu Fuß" kombiniert eine Panoramazugfahrt ins Gebirge mit der Wanderung zu einem der höchsten Wasserfälle nahe Rijeka. Die Mitarbeiter an der Rezeption kennen das ganze Programm.

Eine Zeitreise nach Istrien

Ob auf eigene Faust oder mit einem ortskundigen Reiseführer – einen Ausflug ins benachbarte Istrien sollte man unternehmen! Denn „auf der anderen Seite des Ućka-Gebirges" findet sich die Welt der mittelalterlichen Burgstädtchen, Konobas (urige Schenken), Weinberge, Olivenhaine und Trüffelwälder. Manchmal ist dort sogar das Wetter anders, als an der Kvarner Küste. (Die Mitarbeiter an der Rezeption, die Zeitung oder der Computer in der Hotellobby geben Auskunft). Das fruchtbare Hinterland Istriens gilt als kulinarische Schatzkammer der Halbinsel, wird vom Fluss Mirna gespeist und von zahlreichen imposanten Bergstädtchen beherrscht. Wie steinerne Nester kleben die ehrwürdigen grauen Gebäude an den Kuppen der Hügel, und wenn man sich so mittendrin bewegt – zwischen dem uralten Stein und der üppigen, oft noch wilden Natur – fühlt man sich nicht selten um Jahrhunderte zurückversetzt. Hum, die kleinste Stadt der Welt, ist vom Hotel nur knapp 40 km entfernt.

Besuch beim Grottenolm

Die meistbesuchte Schaugrotte Europas, „Postojnska Jama“ im Süden Sloweniens, liegt unweit der Grenze zu Kroatien und, je nachdem, von wo man anreist, fast direkt am Weg zur Opatija-Riviera (3 km von der Autobahnabfahrt Postojna). Vom Hotel aus ist Postojna in etwa einer Autostunde erreicht (65 km) und auch Busausflüge werden regelmäßig angeboten.

Die Erfolgsgeschichte dieser Grotte begann 1818, als man den damals bekannten Höhlenabschnitt für den Besuch des Kaisers illuminierte und dabei auf endlose weitere „Räume“ stieß. Heute fährt man mit einer elektrischen Bahn etwa zwei Kilometer in die Grotte. Bei einem 1,5 Kilometer langen (geführten) Fußmarsch lässt sich bestaunen, was vor drei Millionen Jahren begann und heute den seltenen weißen Grottenolm beheimatet. Etwa 3 Stunden sollte man für den Besuch inklusive Wartezeit einplanen. Übrigens: Die Höhlentemperaturen liegen zwischen 8 und 10 °C, also Jacke und Socken nicht vergessen!

Naturphänomen Plitvicer Seen

Unbedingt anschauen! Das älteste UNESCO-Weltkulturerbe Kroatiens ist eine Naturlandschaft voller Wunder. Umgeben von Wäldern, Wiesen und Canyons überwindet diese gewaltige Wasserwelt rund 500 Höhenmeter und stürzt sich über 90 Wasserfälle (3 bis 78 Meter Höhe) in die Tiefe. Sagenhafte 60 Seen sind durch die Wasserfälle miteinander verbunden.

Man kann sich vorstellen, dass ein Ort, der in der heutigen Zeit noch als Kulisse für Winnetou-Filme taugt, ein ganz besonderes Fleckchen Erde ist. Die unteren Wasserfälle dienten als Haupt-Drehorte. Hier liegt auch der „Silbersee“ mit seinen Höhlen, der im richtigen Leben „Jezero Kaluđerovac“ heißt. Unter dem höchsten Wasserfall wurden die Anfangsszenen aus Winnetou 2 gefilmt und auch bei Winnetous Verfolgung im 3. Teil ist er im Bild. Ein Naturparadies ist der Nationalpark zu jeder Zeit, doch im Frühjahr, wenn alles blüht, „bleibt einem der Mund offen, vor lauter Schön“.

Oben: mittelalterliches Bergstädtchen in Istrien
Mitte: UNESCO-Weltkulturerbe Plitvicer Seen
Unten: Schaugrotte in Postojna

Moščenice und Moščenička Draga repräsentieren die Nähe von Gebirge und Küste.
Der selbst ernannte Bürgermeister von Moščenice verrät gerne das Geheimnis seines Dorfbrunnens.

Bergluft mit Meerblick

Erlebnisreich: Von der Wanderung zum Berg Sisol im Naturpark Učka bis zu den Geheimnissen eines „Bürgermeisters"...

Wunderbare Wanderwelt

Auf einer Felsspitze am Meer gelegen, markiert das Burgstädtchen Brseč den Südzipfel der Opatija-Riviera und spiegelt das typische Gesicht einer mittelalterlichen Stadt (6. Jh.) perfekt wider. Man erkennt sofort, warum sich die Menschen dort früher sicherer fühlten, als an der Küste: Das schützende Geflecht der engen Gassen bot Schatten und unzählige Schlupfwinkel, und der weite Ausblick über die Kvarner Bucht machte feindliche Überraschungen vom Meer nahezu unmöglich. Heute nimmt eine der eindrucksvollsten Bergtouren der Halbinsel in Brseč ihren Lauf und führt in etwa zweieinhalb Stunden zum schroffen Gebirgskamm des Berges Sisol (835 m) im Naturpark Učka. Dafür biegt man von der kleinen Nebenstraße Richtung Mošćenice links ab und erreicht in 490 m Höhe den Aufstiegsweg Prodol. Was mit einer langen steinigen Wegstrecke beginnt, entwickelt sich mit dem Erreichen des Gipfelgrates zu einer fulminanten Bergtour. Bis der höchste Punkt mit Gipfelbuch erreicht ist, sind einige kurze Kletterstellen zu überwinden. Das malerische Felsentor „Provrtenica", atemberaubende Ausblicke ins istrische Hinterland und eine wunderbare Fernsicht über die Kvarner Bucht entlohnen allerdings jede Anstrengung.

Besuch beim Bürgermeister

15 Kilometer südlich von Opatija thront auf einem Felsausläufer des Učkamassivs der Ort Mošćenice, die „alpine Mutter" des Badeortes Mošćenička Draga. Vor dem Bau der Küstenstraße führte der Weg nach Süden immer über dieses Bergdorf. Heute erreicht man es von Norden kommend am einfachsten über Mošćenička Draga (2 km). Von weitem sichtbar blickt die Kirche „Sv. Juraj" von Mošćenice auf die Adria hinunter. Die Fresken in ihrem Inneren (15. Jh) blieben den meisten Menschen allerdings verborgen, wäre da nicht der rührige Fremdenführer Dušan Rubinić, der unter dem Pseudonym „Bürgermeister" unterhaltsame Stadtführungen veranstaltet. Schwer zu sagen, wie viele Besucher der (deutschsprachige) Guide in den vergangenen Jahren bereits in das 300-Seelen-Dorf gelockt und von seiner Profession als Bürgermeister überzeugt hat. Nur soviel sei dazu gesagt: Frauen, die von einer kinderreichen Zukunft träumen, sollten sich unbedingt am Dorfbrunnen erfrischen. Die zukünftigen Väter dürfen derweil getrost den örtlichen Schnaps probieren. Wer sein Auto stehen lassen möchte, erreicht den ehemaligen Fischerort Mošćenička Draga auch mit dem Bus und kann von dort über 754 Stufen nach Mošćenice hinaufsteigen.

Oben: Küstenstraße nach Süden
Mitte: Berghotel mit Aussicht
Unten: Spaziergang zum Wasserfall
Rechts: Strand Sveti Ivan

Schöne Aussichten!

Einen halben Tag sollte man sich für diesen Ausflug Zeit nehmen: Fünf Kilometer südlich von Opatija führt in Lovran rechts (vor der INA-Tankstelle) eine schmale Straße nach „Lovranska Draga“ und windet sich in Serpentinen zu dem hübschen kleinen Hotel „Draga di Lovrana“ hinauf. In traumhafter Position genießt man hier zwischen Gebirge und Meer ein schlichtweg sensationelles 360-Grad-Panorama. In der gemütlichen Gaststube und auf der großen Terrasse werden Erfrischungsgetränke, Weine und kleine Imbisse serviert und eine Etage tiefer, verführt ein (von Gourmetguide Gault Millau ausgezeichnetes) Panorama-Restaurant zum Schlemmen. Bereits zu Monarchiezeiten warb der damalige Besitzer Anton Urm mit dem Slogan „Schönster Ausflugsort an der österr. Riviera.“ Einige hundert Meter weiter führt rechterhand der unterhaltsame Maroniwanderweg „Slap“ in den kühlen Wald. Dabei folgt man dem Bach Potok etwa 20 kurzweilige Minuten zu einem kleinen Wasserfall.

Pack die Badehose ein!

Auf historischen Postkarten sind sie noch zu sehen, die innerstädtischen Strandbäder, deren oft mehrstöckige hölzerne Badehäuser im Sezessionsstil auf Stelzen über dem Meer schwebten. Nach und nach sind diese Schönheiten dem „Betonzahn der Zeit“ zum Opfer gefallen, wobei das beliebte Angiolinabad erst im Jahr 1989 durch ein Großfeuer zerstört wurde. Heute sind die Badeplätze der Küstenstädte in den Sommermonaten dicht bevölkert, weshalb es sich lohnt, auch die Strände außerhalb der Zentren zu kennen. Als einer der schönsten Kiesstrände gilt Medveja in einer malerischen Bucht, drei Kilometer südlich von Lovran. Weiter Richtung Süden findet man die beliebte Bucht Mošćenička Draga, die über einen Fußweg mit dem kleinen Strand Sveti Ivan verbunden ist, an dessen Ende man auch der Freikörperkultur frönen kann. Die Bucht Klančac, am Fuße des Burgstädtchens Brseč, gilt als besonders romantisch und wer die Insel Cres besucht, sollte die Badehose unbedingt im Gepäck haben.

Regenschicht

Kurze Sommerpause! Weil sich am Berg Učka gelegentlich einige Regenwolken stoßen, fühlen sich selbst subtropische Pflanzen an der Opatija-Riviera zu Hause. Nach jedem Regenguss holt das nahe Meer die Sonne aber ganz schnell wieder an den Himmel zurück. Im Juli regnet es fast nie, im November dafür umso mehr.

Vom „Akt des Lassens“

Wenn es im Urlaub regnet, geschieht das womöglich aus gutem Grund. Denn so ein trüber Tag bietet die beste Gelegenheit, einmal gänzlich ohne Programm zu entspannen. Viel zu wenig wird der wunderbare „Akt des Lassens“ in unserer westlichen Kultur geschätzt, dabei übt er eine unglaublich kraftspendende Wirkung aus. Wie das geht mit dem „Lassen“? Ganz einfach: Man lasse sich zum Beispiel ein Stück Torte schmecken, von einem spannenden Buch in den Bann ziehen oder im Wellness-Schlössl verwöhnen. Man kann auch die Bettdecke bis Mittag über den Ohren gezogen lassen. Langeweile ist übrigens die beste Brutstätte für Kreativität und gute Einfälle. Wie war das früher in den großen Ferien? In welcher Situation hatten wir die Idee mit dem Baumhaus? – Eben! Wer das „Tun“ trotzdem nicht lassen und dem Nichtstun wenig abgewinnen kann, muss sich an der Opatija-Riviera aber nicht lange plagen. Denn die Sonne blinzelt schon bald wieder hinter den Wolken hervor.

Mußestunden im Museum

Mit dem Ziel, sich in naher Zukunft als lebendige „Museumsstadt Mitteleuropas“ zu etablieren, arbeitet Opatija derzeit an seiner Entwicklung zu einer Art „zeitgemäß besiedeltem Freilichtmuseum“. Zu diesem Zweck sollen, in der ganzen Stadt verteilt, Ausstellungen zu Musik-, Medizin- oder Kulturgeschichte sowie mehrere kleine Galerien (wie etwa die Habsburger-Ausstellung im Hotel Miramar) zu finden sein. Eines der interessanten großen Projekte ist das Ende 2007 eröffnete „Museum zur Geschichte des kroatischen Tourismus“. Passend zu dem, unterhaltsam mit interaktiven Elementen belebten, Thema hat die Ausstellung in der Villa Angiolina Quartier bezogen, wo vor rund einhundert Jahren die Wiege des lokalen Tourismus stand. Im 13 Kilometer von Opatija entfernten Rijeka lohnt der prachtvolle Gouverneurspalastes mit einer Seefahrts- und einer historischen Sammlung ebenso einen Besuch, wie das benachbarte „Museum der Stadt Rijeka“.

Genussvolle Souvenirs

Oft sind die besten Urlaubssouvenirs an völlig untouristischen Orten zu finden, wie etwa auf dem Wochenmarkt oder in Supermärkten. In Rijekas weitläufigem Einkaufszentrum „Tower-Center" lässt sich mühelos ein Tag „vershoppen". Einige Tipps: Daheim gebliebene Kinder freuen sich über fremdländische Süßigkeiten. Auch Risottoreis und Pasti, die in allen Formen und Farben die Regale bevölkern, sind ein schönes Mitbringsel. Die typisch istrische Nudel „Fuži" ist einzigartig in ihrer Art und ein fabelhafter Soßenbegleiter. Feinschmecker besuchen am Ende des Urlaubs noch den, in jedem Fall sehenswerten(!), Markt von Rijeka, wo ausgezeichnete Erdäpfel und Tomaten, tolle Bio-Honige, Feigenkränze, Hartwürste („Kulen") und Käselaibe darauf warten, in den Kofferraum gepackt zu werden. Zum Kauf von richtig gutem Olivenöl und dem raren Pršut empfiehlt sich eine Istrien-Tour mit Guide. Dann ist die kulinarische Urlaubsnachlese mit den Lieben daheim gesichert.

Sachertorte mit Cappuccino

In Opatija findet sich für jeden Geschmack ein Café: In der Hemingway-Bar am Hafen trinkt man Latte Macchiato in Pub-Ambiente, das Monokini an der Hautstraße lockt mit zeitgeistig coolem Design und viele betagte Kaffeehäuser haben sich ein Stück „Monarchie-Nostalgie" bewahrt. Zwei große europäische Kaffeehauskulturen sind hier im Laufe der Zeit eine sympathische Liaison eingegangen: Österreichs urgemütliche Genusswelt mit Sachertorte, Apfelstrudel und Verlängertem und die legere Espresso- und Cappuccinotradition Italiens. Glaubt man den historischen Schriften, war das „Wiener Kaffeehaus an der Riviera" zur Blütezeit des Kurortes für so manchen prominenten Gast weit interessanter, als jede offizielle Therapiemaßnahme. Man sah, wurde gesehen, philosophierte, plauderte, entspannte bei unterhaltsamer Lektüre und gönnte sich dazu den ein oder anderen Cognac. Im legendären Café Wagner (Hotel Milenij) lebt diese charmante Tradition bis heute weiter.

Oben: Das Café Wagner im Hotel Milenij
Mitte: Auszeit in der Wellness-Badewanne
Unten: Museum im Museum – Villa Angiolina

ARTHUR BERGERS

Herbstmenü

Herbst! Die angenehm milde Herbstsonne lockt noch immer viele Menschen an die Küste, wo sich nun wieder stille Buchten finden. Die Natur gibt in dieser Jahreszeit ihr Bestes: Weisse Trüffel aus Istrien, Wild von den Bergen, Pilze aus den umliegenden Wäldern und noch viel mehr aus dem Meer. Denn einige Fischarten tauchen erst jetzt wieder aus der kühlen Tiefe der Adria hervor. Die besonders prallen Esskastanien aus der Gegend um Lovran sollte man unbedingt probieren!

ERNTEDANK!

Ab September wird auf der ganzen Halbinsel die Weinlese gefeiert. Das nahe Istrien richtet Volksfeste zu Ehren des köstlichen Trüffelpilzes aus, und im Oktober verführt in der Kvarner Region die Marunada zum Schlemmen: Eine lukullische Festwoche rund um die prallen Edelkastanien von Lovran. Das Hotel Miramar begrüßt seine Gäste mit neuem Wein und Maroni und die Kastanienschaumsuppe von Arthur Berger genießt besondere Beliebtheit.

Geräuchertes Rehfilet

mit Waldpilzen & Himbeer-/Haselnuss-Marinade

Getrüffelte Kastanienschaumsuppe

mit Sellerie & Walnüssen

Kürbis-Gnocchi

mit rosa Entenbruststreifen

Oktopus „Mediterran"

Geschmortes Lamm

mit Gemüse-Erdäpfelgröstl

Frische Feigen

mit weissem Schoko-/Zimt-Mousse & Rumrosineneis

Fritule

(Gebackene Mäuse) Süsse Tradition von Ankica

FALLS NICHT ANDERS VERMERKT: ZUTATEN FÜR 4 PERSONEN

Kürbis-Gnocchi

MIT ROSA ENTENBRUSTSTREIFEN

FÜR DIE GNOCCHI:

500 g Kartoffeln (mehlige Sorte) geschält
100 g Mehl
2 Eigelb
Salz, Muskat

FÜR DEN KÜRBIS:

500 g Muskatkürbis geschält
40 ml Ahornsirup
Salz, Pfeffer, Ingwer
4 Stk. Gewürznelken
20 ml Amaretto
200 g Kohl (Wirsing- oder Kohlsprossenblätter)
1 EL Butter
4 EL Gemüsebrühe
Salz, Pfeffer, Muskat, Majoran

FÜR DIE ENTENBRUST:

2 Stk. Barberie-Entenbrust
2 EL Öl
Salz, Pfeffer, Rosmarin, Thymian
2 EL Balsamico-Reduktion (S. 52/53)

1. Für die Gnocchi die Kartoffeln schälen, in Salzwasser ca. 30 Min. weich kochen und absieben. Die noch heißen Kartoffeln durch ein Mehlsieb drücken und anschließend auf einer Arbeitsplatte mit Mehl, Eigelb, Salz und Muskat zu einem geschmeidigen Teig verarbeiten.
2. Den Teig zu einer 2 cm dicken Rolle formen. Mit einem Messer kleine Stücke abtrennen und diese zu ovalen Gnocchi formen. Gnocchi in kochendes Salzwasser geben und ziehen lassen, bis sie an die Oberfläche steigen (5–8 Min.). Mit einem Schaumlöffel herausheben und nebeneinander auf ein Blech legen. Mit Olivenöl beträufeln und auskühlen lassen.
3. Für das Kürbisgemüse den Kürbis schälen und in ½ cm große Würfel schneiden. Den Ahornsirup in einer Pfanne erhitzen, die Kürbiswürfel und die Gewürze dazugeben, kurz kräftig anschwitzen und mit dem Amaretto ablöschen. Die Hitze reduzieren, die Pfanne abdecken und den Kürbis 8–10 Min. bissfest schmoren.
4. Den Kohl in ½ cm große Würfel schneiden, in Salzwasser bissfest kochen und danach in Eiswasser abschrecken, damit er seine Farbe behält. Die Gemüsebrühe erhitzen, den geschmorten Kürbis dazugeben, kalte Butter einrühren und mit den Gewürzen abschmecken.
5. Den Backofen auf 140 °C (Umluft 120 °C) vorheizen. Die Entenbrüste auf der Hautseite „schröpfen" (gitterartig einschneiden) und mit Salz und Pfeffer aus der Mühle würzen. Die Brüste auf der Hautseite scharf anbraten, kurz umdrehen, auf ein Gitter setzen und im Ofen ca. 12 Min. braten. Anschließend an einem warmen Ort ruhen lassen.
6. Die Entenbrüste in Scheiben schneiden. Die Gnocchi in einer Mischung aus Gemüsebrühe, kalter Butter, Salz und Pfeffer erwärmen. Mit dem geschmorten Kürbis, dem Kohl und den Entenbrust-Scheiben anrichten. Mit Balsamico-Reduktion (S. 52/53) umgrenzen und mit Rosmarin und Thymian garnieren.

ZUTATEN:

200 g Rehrücken
(Filet vom Fleischer ausgelöst und vorbereitet)

etwas Räuchermehl
(erhältlich im Anglerbedarf)

200 g Waldpilze, z. B. Steinpilze, Eierschwammerl, Trompetenpilze

1 EL Butter

2 EL Pflanzenöl

Salz, Pfeffer, ½ Zehe Knoblauch

1 Handvoll Kräuter und Salatherzen

FÜR DIE HIMBEER-/HASELNUSS-MARINADE:

200 ml Rindsuppe

2 EL Himbeeressig

3 EL Haselnussöl (alternativ Walnussöl)

1 Prise Zucker

Salz, Pfeffer aus der Mühle

Geräuchertes Rehfilet

MIT WALDPILZEN & HIMBEER-/HASELNUSS-MARINADE

1. Für die Himbeer-/Haselnuss-Marinade alle Zutaten verrühren.

2. Das Rehfilet salzen und pfeffern. Das Räuchermehl in einem Topf bis zur Rauchentfaltung erhitzen. Das Filet auf einen passenden Gittereinsatz legen, in den Topf stellen und diesen mit Alufolie luftdicht verschließen. Vier Minuten räuchern.

3. Pilze putzen, in Stücke schneiden und in einer großen Pfanne mit erhitzter Butter und Pflanzenöl kräftig braten. Die Pilze sollten dabei nicht übereinander liegen. Mit Salz, Pfeffer und Knoblauch würzen.

4. Das Rehfilet in dünne Scheiben schneiden; mit Pilzen, Salatherzen und Kräutern anrichten und mit der Marinade beträufeln.

ARTHUR BERGERS KÜCHENTRICK:

Das Rezept für die Himbeer-/Haselnuss-Marinade ergibt etwas mehr, als benötigt wird. In eine Flasche mit Schraubverschluss gefüllt, hält sich die Marinade wunderbar einige Tage im Kühlschrank. Dann vor jedem Einsatz schütteln.

ZUTATEN:

50 g Butter
150 g Zwiebel
100 g Knollensellerie
200 g Kastanienpüree (Tiefkühlregal)
⅛ l Weißwein
40 ml Weinbrand
40 ml Madeira
750 ml Geflügelbrühe
½ l Sahne
Salz, Pfeffer aus der Mühle
frischer Rosmarin & Thymian
einige Tropfen Trüffelöl

FÜR DIE EINLAGE:

100 g Knollensellerie (in Würfel geschnitten, gekocht)
50 g Walnüsse (grob gehackt)
istrische Trüffeln (weiß und schwarz)

Getrüffelte Kastanienschaumsuppe

mit Sellerie und Walnüssen

1. Zwiebel schälen und fein schneiden. Knollensellerie putzen und würfeln. Beides in Butter anschwitzen und mit Weißwein, Weinbrand und Madeira ablöschen. Aufkochen lassen und mit der Geflügelbrühe auffüllen. Rosmarin, Thymian und Kastanienpüree zur Suppe geben und alles um ein Drittel einkochen.

2. Die Sahne unterrühren und weitere 5 Minuten köcheln lassen. Anschließend die Kräuter herausnehmen, alles mit dem Stabmixer pürieren und durch ein feines Sieb passieren. Die Suppe mit etwas Trüffelöl, Salz und Pfeffer aus der Mühle abschmecken und warm stellen.

3. Für die Einlage den Sellerie putzen, würfeln und in Salzwasser bissfest kochen. Walnusskerne hacken. Beides in Suppentellern verteilen. Suppe kurz erhitzen, mit dem Stabmixer nochmals aufschäumen und in die Teller gießen. Frischen weißen und schwarzen Trüffel darüber hobeln.

Oktopus „Mediterran"

1. Den Oktopus in die einzelnen Arme teilen und die Mitte herausnehmen. Die Arme kalt waschen und abtropfen lassen. Das Gemüse putzen, waschen, in Stücke schneiden und in Butter andünsten. Mit Weißwein ablöschen.
2. Für das Knoblauchöl: Die Knoblauchzehe fein reiben, mit dem Olivenöl vermischen und mit einem Spritzer Zitronensaft abschmecken.
3. Die Oktopus-Arme zum Gemüse geben und mit gerade soviel Wasser auffüllen, dass sie bedeckt sind. Gewürze, Kräuter, Zitronensaft und Weißweinkorken zufügen, einmal aufkochen lassen und knapp unter dem Siedepunkt gar ziehen lassen, bis die Arme weich sind (das dauert ca. 1½ Stunden). Die Arme aus dem Fond nehmen und auskühlen lassen.
4. Für das Gemüse die Spitzpaprika waschen, vierteln und entkernen. Die gelbe Paprika waschen, in sechs Teile schneiden und entkernen. Zucchini und Fenchel waschen, putzen und in dünne Scheiben schneiden. Das Olivenöl in einer Pfanne erhitzen. Das vorbereitete Gemüse und die Kirschtomaten zugeben. Die Knoblauchzehe mit Schale andrücken und mit den Kräutern zum Gemüse geben. 15–20 Min. bei mittlerer Hitze weich schmoren.
5. Die Oktopus-Arme in Olivenöl 3–5 Min. braten. Mit dem Gemüse und den Oliven anrichten. Mit Meersalz würzen und mit Knoblauch-/Kräuter-Öl beträufeln.

ARTHUR BERGERS KÜCHENTRICK:

Manche Fischer schlagen den Oktopus nach dem Fang gegen einen Felsen, wodurch Enzyme freigesetzt werden, die das Fleisch zarter machen. Eine Alternative sind Weißweinkorken im Kochwasser. Sie geben wachsartige Substanzen ab, die sich zwischen die einzelnen Eiweißmoleküle legen und feste Verfilzungen verhindern. Entscheidend ist allerdings die sanfte Temperatur bei der Garung.

ZUTATEN FÜR DEN OKTOPUS:

1 küchenfertiger Oktopus (ca. 600 g)
120 g Zwiebel
50 g Lauch
75 g Staudensellerie
1 Knoblauchzehe
¼ l trockener Weißwein
5 weiße Pfefferkörner
½ Zweig Rosmarin
1 Zweig Thymian
Saft von einer ½ Zitrone
Meersalz
3 Weißweinkorken
Knoblauch-/Kräuter-Öl
(Rezept S. 48/49)

FÜR DAS GEMÜSE:

2 Stk. rote Spitzpaprika (geviertelt, entkernt)
1 Stk. gelbe Paprika (gesechstelt, entkernt)
1 Stk. mittlerer Zucchini (in dünne Scheiben geschnitten)
1 Stk. Fenchel (in dünne Scheiben geschnitten)
12 Stk. schwarze Oliven
12 Stk. Kirschtomaten
Meersalz, Zitronensaft
1 Knoblauchzehe (angedrückt)
1 Zweig Rosmarin
1 Zweig Thymian
Olivenöl zum Braten

Geschmortes Lamm

mit Gemüse-Erdäpfelgröstl

1. Ofen auf 170 °C vorheizen (Umluft 150 °C). Die Zwiebeln schälen und grob würfeln. Wurzelgemüse putzen, waschen und grob würfeln. Die Lammstelzen mit Salz, Pfeffer und Knoblauch würzen und rundherum in Olivenöl anbraten. Zwiebel- und Gemüsewürfel dazugeben und mitrösten.
2. Tomatenmark, angedrückte Knoblauchzehen und Kräuter zum Gemüse geben, kurz mitrösten, mit dem Rotwein ablöschen. Kalbsfond zugeben und einmal aufkochen lassen. Wer hellen Kalbsfond verwendet, kann etwa 100 ml durch Rotwein ersetzen. Auf der mittleren Schiene des vorgeheizten Ofens 1½ bis 2 Stunden zugedeckt schmoren. Das Fleisch ist perfekt, wenn es sich leicht vom Knochen löst.
3. Für das Gemüse-Erdäpfelgröstl die Paprika waschen, entkernen und in große Stücke schneiden. Die Zucchini putzen, vierteln und in dicke Scheiben schneiden. Die Fenchelknolle putzen und grob stückeln. Die Erdäpfel mit Schale in Spalten schneiden. Die Knoblauchzehen mit Schale andrücken.
4. Lammkeulen aus dem Topf nehmen und warm stellen. Den Ofen auf 180 °C (160 °C Umluft) vorheizen. Das Olivenöl in einer hohen Pfanne erhitzen. Die Kartoffeln darin kurz anbraten. Das geschnittene Gemüse, die Knoblauchzehen, Kräuter und Gewürze zugeben, eine Prise Zucker darüberstreuen und alles gut durchschwenken. Im vorgeheizten Ofen (mittlere Schiene) 20–30 Min. garen. Nach halber Garzeit die Kirschtomaten zugeben.
5. Inzwischen den Schmorfond durch ein feines Sieb streichen und die Sauce auf die gewünschte Konsistenz einkochen. Nach Belieben binden und abschmecken. Das Gemüse-Erdäpfelgröstl anrichten, die geschmorte Lammkeule darauf platzieren und mit der Lammsauce übergießen. Mit Rosmarin und Thymian garnieren.

ARTHUR BERGERS WARENKUNDE:

Wenn der winterliche Borawind den Inselboden mit dem Salz der Adria würzt, ist die Güte des Creser Lammfleisches besiegelt, denn über den Genuss der hier wachsenden Kräuter würzen sich Schafe und Lämmer später wie von selbst. „Pre Salé“ (vorgesalzen) nennen die Franzosen diese seltene Fleischqualität.

ZUTATEN FÜR DAS LAMM:

4 hintere Lammstelzen (Haxen)

Salz, Pfeffer, Knoblauch

4 EL Olivenöl

200 g Wurzelgemüse
(Karotten, Sellerie, Lauch)

100 g Zwiebeln
geschält und in Würfel geschnitten

6 Knoblauchzehen

1 Zweig Rosmarin, einige Pfefferkörner

2 Zweige Thymian, 1 Lorbeerblatt,
1 Prise Zucker

1 EL Tomatenmark

250 ml Rotwein (nicht zu sehr
säurebetont)

1 l Kalbsfond aus dem Glas
(bevorzugt brauner Fond)

FÜR DAS GEMÜSE-ERDÄPFELGRÖSTL:

1 Stk. Paprika rot

1 Stk. Paprika gelb

16 Stk. Kirschtomaten

1 Stk. mittlerer Zucchini

1 Stk. Fenchelknolle

4 mittlere Erdäpfeln

2 EL Olivenöl

3 Knoblauchzehen

1 Prise Zucker

Rosmarin, Thymian, Salz,
Pfeffer aus der Mühle

ZUTATEN:

8 reife Feigen
Staubzucker (Puderzucker)
frische Minze für die Dekoration

FÜR DAS MOUSSE:

130 g weiße Kuvertüre
2 Blatt Gelatine
280 g Sahne
1 Ei
1 Prise Zimt
10 ml Bacardi oder Rum
10 ml Crème de Cacao, weiß (Likör in gut sortierten Getränkeabteilungen)

FÜR DAS RUMROSINENEIS:

25 g Rum
1 EL Rosinen
125 g Milch
125 g Sahne
70 g Zucker
3 Eigelb
50 g Milchschokolade

Frische Feigen

Mit weissem Schoko-/Zimt-Mousse und Rumrosineneis

1. Für das Mousse die Kuvertüre im heißen Wasserbad erhitzen. Gelatine in kaltem Wasser einweichen. Sahne halbfest schlagen. Ei und Zimt in einer Schüssel über siedendem Wasser weißschaumig aufschlagen, Gelatine ausdrücken, in die Eimasse geben und unter Rühren darin auflösen. Die geschmolzene Schokolade und die Spirituosen unterrühren. Die Sahne vorsichtig unter die Masse ziehen und für 1–2 Stunden kalt stellen.

2. Für das Eis die Rosinen hacken und in Rum einlegen. In einem Topf Milch, Sahne, Zucker, Eigelbe und Schokolade unter ständigem Rühren kurz aufkochen lassen. Masse durch ein Sieb passieren und im Mixbecher (oder mit dem Stabmixer) fein pürieren. Eingelegte Rosinen mit dem Rum zur Masse geben und in der Eismaschine gefrieren. Alternative für Haushalte ohne Eismaschine: „Malagaeis" aus der Tiefkühltruhe.

3. Das Mousse zum Anrichten mit einem Spritzbeutel auf die Teller spritzen. Die Feigen in Spalten schneiden, mit Staubzucker bestreuen und zum Mousse setzen. Mit Minze dekorieren und mit Rumrosineneis servieren.

Fritule (Gebackene Mäuse)

Süsse Tradition von Ankica

1. Die Rosinen 5–10 Min. im Wasser einweichen. Das Ei mit Zucker, Joghurt, Rum, Salz, Vanillezucker, Backpulver und Orangenabrieb vermischen, das Mehl darüber sieben, die eingeweichten Rosinen ohne Flüssigkeit dazugeben und alles zu einem geschmeidigen Teig verrühren.

2. Frittieröl in einem tiefen Topf auf ca. 180 °C erhitzen. Die Temperatur stimmt, wenn an einem ins Öl gehaltenen, hölzernen Kochlöffelstiel feine Bläschen aufsteigen.

3. Mit einem Esslöffel oder einem Eisportionierer kleine Kugeln aus dem Teig stechen und im Öl ca. 8–10 Min. backen. Die korrekte Garzeit hängt von der Temperatur des Öles und der Größe der Teigbällchen ab. Probieren!

4. Die fertigen Fritule auf Küchenkrepp abtropfen lassen, mit Staubzucker bestreuen und noch warm servieren.

Zutaten für den Teig:

- 50 g Rosinen
- 50 ml Wasser
- ½ EL Rum
- 1 Ei
- 2 EL Zucker
- 150 g Joghurt
- 8 gehäufte EL Mehl
- 1 Prise Salz
- 1 Päckchen Backpulver
- 1 Prise Vanillinzucker
- Abrieb von einer ¼ Orangenschale
- ¾ l Öl zum Frittieren
- Staubzucker zum Bestreuen

Kulinarische Partnerschaften

Die Zubereitung von mehr als zweihundert mehrgängigen Menüs pro Abend ist für das Küchenteam eine logistische Herausforderung. Und weil die Gäste des Miramar bevorzugt in den Genuss möglichst frischer Produkte kommen sollen, ist Flexibilität angesagt. Nichts wäre einfacher, als alles im Grossmarkt einzukaufen – doch die Zusammenarbeit mit einigen kleineren Lieferanten liegt Arthur Berger am Herzen. Wegen der Qualität, sagt er.

Brot & Fisch

Alles wächst! Der Fisch im Meer, das Lamm auf Cres, die Traube im Weingarten, das Korn auf dem Feld und das Vertrauen mit der Zeit. Letzteres gilt als wertvollstes Gut zwischen dem Küchenchef und seinen Lieferanten.

Frischer Adriafisch vom Seewolf

Ihr Vater sei mit Leib und Seele ein „morski vuk", erklärt Liliana Valenčić mit einem Augenzwinkern – ein echter Seewolf. Denn während sich seine Tochter als Vizedirektorin im Miramar behauptet, verdingt sich Papa Aldo als Fischer. So wandern am Grillabend auf der Hotelterrasse fangfrische Seehechte auf den Rost, Calamari und Oktopoden werden paniert, gegrillt oder zu Salat verarbeitet und zu Mittag lässt sich Aldos Fang à la carte vom Fischwagen wählen. Die Ausbeute jedes einzelnen Fischzuges ist dabei immer wieder überraschend und findet sich in ihrer großen Vielfalt ebenso im wöchentlichen Vorspeisen-Fischbuffet, wie auf der „Miramar-Fischplatte" – deren unterschiedliche Bestückung getrost als ‚Frischegarantie' betrachtet werden darf. Lustig, dass die Ungewissheit des Tagesfangs für einen Koch eher eine Bürde, für so manchen Fischer hingegen einen beliebten Nervenkitzel darstellt. „Wenn ich das Netz einziehe und sehe, was ich gefangen habe, ist das ein bisschen wie Weihnachten", erklärt Aldo mit leuchtenden Augen. Einmal zog er zwölf große Petersfische an Bord, ein anderes Mal zappelte ein 56 Kilogramm schwerer Seeteufel im Netz. Um 18.00 Uhr tuckert seine Bracera „Tornado blue" vom Hafen in Punta Križa (Insel Cres) aufs Meer hinaus. Manchmal ist auch Tochter Lili dabei, die sich auf See blitzartig in eine geübte Fischerin verwandelt. Spätestens zum Sonnenuntergang, wenn die Fische sich zum „Abendbrot am Meeresboden" treffen, muss das Netz ausgerollt sein. Aldos Holzschiff hat 109 Jahre auf dem Bug, misst stattliche vierzehn Meter und führte vor seinem Umbau zum Fischerboot ein Leben als Kranschiff namens „Jesus und Maria". Pro Nacht zieht es Aldos Fischernetz bei ein bis zwei Fischzügen langsam mehrere Stunden durchs Meer und fängt damit hauptsächlich Fische, die in Familien leben, wie Calamari, Seehechte, Rotbarben, Scampi, Petersfische, Katzenhaie, Seeteufel oder Drachenköpfe. Wenn einmal Besuch an Bord ist, erzählt Aldo gerne Geschichten: Von gigantischen Fängen in Vollmondnächten und den guten alten Zeiten, als die Scampi am Kvarner noch so groß waren wie Hummer.

Eiskalt gebacken!

Dass der Tag im Miramar mit einer großen Auswahl an frischem Brot, Brötchen und Croissants beginnen kann, ist maßgeblich dem österreichischen Teiglingswerk Haubi's zu verdanken – einer visionären Bäckerei, die sich 2002 auch im kroatischen Čakovec angesiedelt hat. Kein Hollywoodregisseur hätte sich für die kroatische Einbürgerung dieser Qualitätsmarke etwas Besseres ausdenken können als das Leben: Seit ihrer Gründung im Jahr 1930 wuchs die Melker Bäckerei Haubenberger mit den guten Ideen von drei Generationen „Antons", die den Familienbetrieb bis heute führen. Die alles verändernde Innovation wurde 1984 geboren. Damals entwickelte „Anton Haubenberger der Dritte" die ersten Formteile, die sofort nach dem Aufgehen des Teiges schockgefrostet und dadurch komplett ohne Konservierungsmittel lagerfähig gemacht wurden. Die Erfindung mit der liebevollen Bezeichnung „Teiglinge" veränderte den Markt. Der Duft frisch gebackener Brötchen durchströmte bald auch Verkaufsstellen ohne große Backstuben, ausgewählte Supermärkte und Hotels. 1991 biss der in Österreich aufgewachsene Kroate David Logožar in Krems zum ersten Mal in eine handgeformte Kaisersemmel von Haubi's und das „wahre Drehbuch" nahm seinen Anfang: Der damalige Bauarbeiter war davon derart begeistert, dass er zugunsten der geliebten Luxus-Semmel künftig lieber bei der Wurst sparte. 1999 wurde er bei Haubi's als Fahrer eingestellt, später als Dolmetscher beschäftigt und 2002 zum Geschäftsführer der ersten kroatischen Niederlassung ernannt. Heute unterstützen ihn dort 20 Angestellte. „Vor fünfzehn Jahren gab es hier maximal vier Brotsorten, die als Sozialprodukt so billig wie möglich hergestellt wurden", erklärt Logozar die Hintergründe der kroatischen Erfolgsgeschichte von Haubi's. „Das schränkte die Vielfalt ebenso ein, wie die Qualität. Heute können und wollen sich zum Glück immer mehr Kroaten hochwertige Produkte leisten und freuen sich über die riesige Auswahl." Auch die Gäste des Miramar kommen so täglich in den Genuss knusprig-frischen Gebäcks. Dazu gehört neben einem umfangreichen Bio-Sortiment natürlich auch die legendäre Kaisersemmel.

Wer mehr über Haubi's wissen möchte: Haubi's Čakovec d.o.o., HR-40000 Čakovec, J. Kozarca 15, Tel. +385(0)91/203 07 57, www.haubis.at

Links: David Logožar im ersten kroatischen „Haubi's". Rechts: Jeden Morgen frisch gebacken!

Sommelier und Weinhändler teilen eine spannende Leidenschaft.

Weil die Qualität passt, haben die Produzenten der Räucherei Marko gut lachen.

Pionier im Weinhandel

Bis Vanja Borovac die fruchtigen istrischen Malvasier zu seinen persönlichen Lieblingsweinen erklärte, musste einige Zeit vergehen. Als der junge Mann 1993 einen Weinhandel gründete, lag das vinophile Istrien noch im Dornröschenschlaf – auch wenn der erlösende Prinz bereits die Lippen zum Kuss spitzte. Als Alternative zum weißen Žlahtina von der Insel Krk, bot sich den Besuchern der Adriaküste noch die Wahl zwischen reschem Landwein pur, mit Soda (Gemišt) oder Leitungswasser (Bevanda). Und als Borovac den Hotels und Restaurants als erster Weinhändler im Großraum Rijeka Qualitätsweine offerierte, musste er diese noch aus Slowenien importieren. Heute beliefert er die Gastronomie zu 90 Prozent mit kroatischen Weinen aus Slawonien, Dalmatien und Istrien, wo sich in den vergangenen zehn Jahren eine beachtliche Weinszene entwickelt hat. Weil dort aber nur geringe Mengen gekeltert werden, hat Borovac eine Logistik erarbeitet, die ihn das ganze Jahr über lieferfähig macht. Miramar-Sommelier Damir freut's, denn allzu oft hieß es in der Vergangenheit bereits im August „ausverkauft". Wer probieren möchte, welche Weine Damir und Pionier Vanja für das Hotel ausgewählt haben, ist bei der wöchentlichen Weinverkostung im Miramar-Keller willkommen.

Vidik Weinhandel, Vanja Borovac, 51215 Kastav, Tel: (+385)91/277 02 70, vidik@ri.htnet.hr

Rauchzeichen aus Duga Resa

Die Fischräucherei MARKO aus dem kroatischen Ort Duga Resa beliefert das Miramar mit Fischfeinkost und Frischfisch aus der Adria und darf die Entdeckung einer Marktlücke für sich beanspruchen. Denn im Jahr 2000, als der gebürtige Deutsche Bernd Becker und seine heutige Frau Branka aus Karlovac in einem Ferienhäuschen die ersten Forellen über Buchenholz räucherten, war Räucherfisch in Kroatien noch kaum bekannt. Mit den Räucherforellen im Gepäck suchten die beiden damals namhafte Köche auf, verteilten Kostproben und ernteten viel Lob. Dass die Mission schlussendlich erfolgreich wurde, ist allerdings auch in der Flexibilität der kleinen Qualitätsmanufaktur begründet. So gelangen die Räucherfische heute auf Wunsch nicht mehr im Ganzen, sondern fein filetiert zu den Köchen, und das Angebot beschränkt sich längst nicht mehr auf Forellen. Frisch in der Manufaktur angekommen, wird der Adriafisch zuerst geschuppt, filetiert und in Handarbeit entgrätet. Es folgt ein Bad in Salzlake, dann wandern die Filets in den Räucherofen. Je nach Fischart erfolgt das Räuchern heiß oder kalt (z. B. Thunfisch). Die anschließende Qualitätskontrolle ist für alle gleich und ein Glas Bier schmeckt dazu ebenso, wie ein gehaltvoller Wein.

Räucherfisch MARKO, (Obrt za dimljenje ribe), HR-47250 Duga Resa, Bana J. Jelačića 25, Tel. (+385)47/64 11 66, marko-ribe@hi.t-com.hr

Gute Unterhaltung und viel Vergnügen

Im Kurort Opatija geniesst die Unterhaltung eine lange Tradition. Denn mit der Entdeckung der Freizeit wurde einst auch das Amüsement geboren. Das Miramar führt dieses Erbe weiter – ganz zeitgemäss oder mit einer Prise Nostalgie gewürzt.

Bewegende Begegnungen

Die gute Luft zwischen Meer und Wald zählt seit eh und je zu den Attraktionen des heilklimatischen Kurortes. Automatisch atmet man hier Gesundheit ein und kann den Körper mit etwas Bewegung bis in die letzte Zelle mit Meeresfrische versorgen. Die Physiotherapeuten des Miramar freuen sich auf bewegungsfreudige Teilnehmer bei Morgengymnastik, Nordic-Walking (mit Florio) oder Bauchtanzkursen (mit Martina). Aber auch die Stadtführungen mit Boris garantieren bewegende Momente.

Mit dem kaiserlichen Salonwagen durch Zeit und Raum

Adel und Prominenz reisten zu Monarchiezeiten nicht irgendwie in den Süden, sondern genossen bei der Bahnfahrt standesgemäßen Luxus, komfortable Abteile und glanzvolle Diners. Nach dem Vorbild des kaiserlichen Hofsalonzuges von 1891, hat Gottfried Rieck, ein ehemaliger Dampflokheizer und Lokführer der ÖBB, diesen historischen Zug wieder aufleben lassen. Zu bestimmten Terminen rattert der „Majestic Imperator“ nun auf der Strecke Wien – Graz – Ljubljana – Opatija und lässt seine Passagiere das Lebensgefühl des „Fin de Siècle“ erfahren. Unter dem Motto „Von der Donau bis zur Adria“ organisiert das Miramar diese nostalgische Zugreise gemeinsam mit dem Casino Admiral von Opatija. Heute wie damals wird bei feiner Unterhaltung, kroatischen Qualitätsweinen und kleinen Gourmandisen der Weg zum Ziel.

Musikalische Gastspiele

Zu Kaisers Zeiten war die Marinemusikkapelle (S. 14) zwar auf Schiffen stationiert, konzertierte aber regelmäßig in Kurhotels und Musikpavillons. Der Veranstaltungskalender des Miramar führt diese schöne Tradition fort und spannt einen musikalischen Bogen von Klassik über Jazz, Swing, Boogie Woogie bis hin zu Evergreens. Und wenn auf den stimmungsvoll beleuchteten Hotelterrassen von Juni bis September Opern- und Operettenmelodien erklingen, weht immer eine Brise Nostalgie im lauen Abendwind. Die traditionellen heimischen Klapa-Sänger, das Johann-Strauss-Ensemble Wien (Pfingstkonzerte), Franz Langer und seine „Sound-of-Music“-Künstler, sowie der Wiener Philharmoniker und Jazzer Rudolf Josel sind ebenso immer wieder im Hotel zu Gast, wie das junge Salzburger Ensemble Vivacissimo, der Pianist Michael Starch, der „Carinthia-Chor Millstatt“ oder Hedi Preissegger und „Da klane Chor“ aus Kärnten.

Das zweitschönste Urlaubs-Souvenir

Für Viele ist die Erinnerung das schönste Urlaubssouvenir. Eine neue Fähigkeit (kennen)gelernt zu haben, gilt als weiteres wertvolles Mitbringsel, das den Koffer um kein Gramm schwerer macht. So lässt sich aus der Morgen-Meditation, dem Reiki-Seminar (auch speziell für Kinder), den Glücks- und Genusswochen oder dem Yogakurs im Hotel vielleicht ein Stück Leichtigkeit mit in den Alltag nehmen. Die unbeschwerten Tanzkurse mit Peter Kantor genießen seit Bestehen des Hotels große Beliebtheit und wer in der Malkurswoche mit Peter Unterweissacher den Pinsel schwingt, nimmt ein einzigartiges Bild der Opatija-Riviera mit heim. Locker, lehrreich und sehr genussvoll gestalten sich die Kochkurswochen mit Arthur Berger. Sommelier Damir Ferlan wiederum entführt einmal wöchentlich in die spannende Welt der kroatischen und slowenischen Weine.

Über eine der ältesten Gebirgsstrecken der Welt (seit 1998 UNESCO Weltkulturerbe) führt die Südbahn von Wien nach Graz und von Ljubljana bis Opatija-Matulji.

Gelebte Gastlichkeit im Salzburgerhof

Das Miramar gilt als Sommerkind der Holleis-Gruppe, denn seine beiden Geschwister sind in Österreichs Bergen zu Hause: das Grand Hotel Zell am See und die Rudolfshütte in der Weisssee Gletscherwelt. Solide alpine Wurzeln prägen auch die „Mutter der Hotelfamilie", weshalb sich das 5-Sterne-Hotel Salzburgerhof mit gediegener Gelassenheit der ganzen Welt öffnen kann. Und die ist dort auch zu Gast.

Am Anfang war ein Energiebündel. – Eine junge Dame namens Gisela Holleis, die seit 1949 als frische Brise durch die Kurverwaltung von Zell am See wehte und später bei Frankreichaufenthalten erste Wintergäste für ihren Heimatort akquirierte. Damals war Zell am See noch eine reine Sommerfrische-Destination. Mit 24 Jahren gründete die Pionierin ein Reisebüro, wurde bald Ehefrau und Mutter, eröffnete 1967 die Pension Salzburgerhof und hatte nur ein Ziel vor Augen: eine neue Qualität nach Zell am See zu tragen. „Ziel erreicht", kann man nur sagen:

Seit vielen Jahren behauptet sich der Salzburgerhof als einziges 5-Sterne-Hotel der Region und gilt zudem als erstklassige Wellnessadresse. Der Bertelsmann Restaurant & Hotel Guide 2008 kürte das Hotel zum „Österreichischen Wellnesshotel des Jahres" und die jüngste Ausgabe des Relax-Guide verlieh ihm erneut das Maximum von 4 Lilien. Bis heute laufen alle Fäden bei der Grand Dame der Salzburger Hotellerie zusammen, die den ganzheitlichen Wissensvorsprung der Asiaten schätzt und jede Wellnessbehandlung selbst erprobt. „Wenn man es perfekt machen will, muss man diese Philosophie leben", sagt Gisela Holleis und ermöglicht ihren Gästen auf 2600 Quadratmetern hochprofessionelle Beauty- und Wellnessanwendungen aus aller Welt. Das außergewöhnlichste Lebenselixier ist im Sole Dome angemischt: ionisierter Sauerstoff, vernebelte Sole, Licht und Klang. Verständlich, dass viele Hausgäste das Hotel selbst als unmittelbares Ziel ihrer Reise betrachten.

Doch auch die umliegende Europa-Sportregion Zell am See-Kaprun (S. 106/107) bietet unzähligen Sport- und Freizeitaktivitäten Raum. Golfer finden zwei 18-Loch-Kurse, die der Nationalpark Hohe Tauern wie ein monumentales 3-D-Kino umrahmt. Greenfee-Ermäßigungen für weitere nahe Golfplätze verhelfen zu Vielfalt, und im Winter führt der Salzburgerhof mit seiner modernen Indoor-Golfanlage zu den 52 schönsten Golfplätzen der Erde. Ganz gleich, ob erlebnisreich oder zutiefst entspannt, ein Urlaubstag im Salzburgerhof mündet immer im Genuss. Denn in der Küche führt die bekannte Fernsehköchin Martina Eitzinger höchstpersönlich den Kochlöffel. Was das heißt? Zwei Gault-Millau-Hauben und viele genießerische Gästelächeln…

Wellness-, Golf- & Genießerhotel Salzburgerhof, Auerspergstr. 11, A-5700 Zell am See, Tel.: 0043/(0)6542/7650, Fax: (0)6542/76566, E-Mail: 5sterne@salzburgerhof.at, www.salzburgerhof.at

Traumpanorama. Im Grand Hotel Zell am See vereinen sich Belle Epoque und Zeitgeist zu stilvollem Urlaubsglück.

1896 erbaut, erlebte das Grand Hotel seine erste Blüte zur sogenannten Belle Epoque. In dieser „Schönen Zeit“ amüsierte sich das gehobene Bürgertum auf den Boulevards der Metropolen, genoss monatelange „Sommerfrische“ und widmete sich in Cafés, Cabarets und Konzertsälen relativ sorglos den genussvollen Seiten des Lebens. Um 1900 zählte Zell am See mit Bad Gastein und der Stadt Salzburg zu den meistbesuchten österreichischen Fremdenverkehrsorten und das Grand Hotel genoss durch seine direkte Seelage besondere Beliebtheit. Trotz turbulenter Zeiten nach dem Ersten Weltkrieg, haben seine Mauern den Geist dieser unbeschwerten Gesellschaft bis heute bewahrt. 1995 von Dr. Wilfried Holleis (dem Sohn von Gisela Holleis, S. 105) wach geküsst, lebte das Flair vergangener Zeiten mit dem Komfort der Gegenwart wieder auf. Und mit der exklusiven Wellnesswelt im 5. Stock des Nebengebäudes verspricht das 4-Sterne-Hotel auch in Zukunft „Schöne Zeiten“.

Das mittelalterliche Bergstädtchen Zell am See (757 m Seehöhe) mit seinen verwinkelten Altstadtgässchen, uralten Wirtshäusern und topaktuellen Boutiquen liegt malerisch zwischen dem Zeller See und der 2.000 Meter hohen Schmittenhöhe (77 Pistenkilometer). 1966 hat sich die Gemeinde mit Kaprun am Fuße des Kitzsteinhorns zur „Europa-Sportregion Zell am See-Kaprun“ zusammengeschlossen und bietet ein engmaschiges Netz an Freizeitmöglichkeiten. Neben Carving, Freestyling, Golf, Wandern, Nordic Walking oder Paragliding passieren dabei auch kleine Wunder: Wer die Abwechslung liebt, schwingt im Sommer vormittags über die Gletscherpisten (2.900 m) und köpfelt am Nachmittag in den Zeller See.

Grand Hotel Zell am See, Esplanade 4–6, A-5700 Zell am See, Tel.: +43(0)6542/788,
Fax: (0)6542/788-305, E-Mail: info@grandhotel-zellamsee.at, www.grandhotel.cc

Grand Hotel Zell am See

Berghotel Rudolfshütte

Hüttenflair mit Hotelkomfort

Familienglück im Bergparadies

Als gelungene Synthese zwischen rustikaler Berghütte und behaglichem Hotel ist die Rudolfshütte ein ganz besonderes Domizil. Mit dem Weißsee vor der Tür und von 17 imposanten Dreitausendern umgeben, liegt das 3-Sterne-Hotel so traumhaft, dass zum Glück keine Straße hinaufführt. Deshalb gestaltet sich bereits die Anreise als Höhenflug: In modernen 6er-Gondeln schaukelt man samt Gepäck bequem bis auf 2.315 Meter Seehöhe. Im Sommer lassen sich dabei erste Wandertouren ausloten und im Winter flitzt man in Gedanken bereits über die Pisten. Denn das schneesichere Skigebiet beginnt direkt vor dem Hotel, dessen Innenleben wurde unter der Leitung von Dr. Wilfried Holleis so behutsam mit modernem Komfort versehen wurde, dass die heimelige Hüttenatmosphäre bewahrt blieb. Panorama-Hallenbad, Sauna, Dampfbad, Darts, Billard, Tischfußball, Tischtennis, Spielzimmer und eine spektakuläre Indoor-Kletterwand über drei Hoteletagen gehören dazu. Kinder unter zwölf Jahren wohnen im Zimmer ihrer Eltern gratis und düsen auch zum Nulltarif über die Naturschneepisten.

Freiheit! – Weißsee Gletscherwelt

Knapp unter den Wolken lässt sich leicht über den Dingen stehen. Und in jeder Station auf dem Weg zum Weißsee steckt ein Stück Freiheit mehr. Von Uttendorf (mit Erlebnisbadesee und Keltendorf) führt die „Panoramastraße Stubachtal" durch eines der beeindruckendsten Tauerntäler zum „Enzingerboden" (1.480 m), wo der Urlaub auch für Auto und Fahrer beginnt (Parkplatz). Via Gondel ist die Bergstation über die Mittelstation „Grünsee" (1.780 m)in ca. 20 Minuten erreicht. Die aussichtsreiche Wunderwelt im Nationalpark Hohe Tauern erfüllt Wanderfreunden vom lustigen Familienausflug (z. B. die geführte „Reise in die Arktis") bis zur anspruchsvollen Bergsteigertour nahezu alle Wünsche. Der Winter verwandelt die hochalpine Berglandschaft in ein schneesicheres Skigebiet mit bestens präparierten Naturschneepisten, hervorragenden Voraussetzungen für Tourenskigeher und einem tollen Snowboard-Funpark. Schlepplifte und Doppelsesselbahn (2.600 m) führen von der Rudolfshütte in ein Wintersportparadies abseits des Massentourismus – ohne Trubel und lange Wartezeiten.

Berghotel Rudolfshütte, Stubach 82, A-5723 Uttendorf/Weißsee, Tel.: +43/(0)6563/8221-0, Fax (0)6563/82 2159, E-Mail: info@rudolfshuette.at, www.rudolfshuette.at

Oben: Seit 2007 ist Kaisersohn Otto von Habsburg Ehrenbürger der Stadt Opatija (hier mit Miramar-Team)

Mitte: Dobro došli an der Rezeption

Unten: Zimmermädchen um Hausdame Ljubica (2. Dame von links, untere Reihe)

Links: Frisch gekocht! Küchenteam um Arthur Berger

Konzept und Text

KARIN HAUENSTEIN-SCHNURRER

Die Autorin und Journalistin Karin Hauenstein-Schnurrer wurde 1968 im Rheinland-Pfälzer Dörfchen Dreisen geboren und folgte nach Zwischenstationen in Kaiserslautern (Ausbildung zur Malerin- und Lackiererin) und Berlin (Schildermalerin, Grafik) ihrer Liebe nach Österreich. Fünf Jahre lang verkaufte sie dort chirurgische Instrumente, bis sie im Schreiben eine Berufung fand. Über ihre Genussfreude und den Spaß am Kochen ist die Wahlsteirerin „in den kulinarischen Journalismus einfach so hineingerutscht". Und sehr oft sind Istrien und die Kvarner Region Schauplatz ihrer Aktivitäten für Magazine und Guides. Die Autodidaktin hat die Inhalte dieses Buches mit viel Liebe zum Detail und zur Region konzipiert, getextet und aus einer Fülle an Fotos bebildert. Und obwohl in Kroatien der Kugelschreiber erfunden wurde, waren Bleistift und PC ihre Helfer.

Inspiration und Fotos

SERGIO LUSSINO

Sergio Lussino erblickte 1967 in Rijeka das Licht der (mediterranen) Welt. In Deutschland aufgewachsen, erlernte er das Fotografenhandwerk in Düsseldorf bei Altmeister Hans (Manny) Lux, aus dessen Schule auch der berühmte Peter Lindbergh hervorging. Nach seiner Assistenzzeit wechselte Lussino von der Mode- zur Lifestylefotografie und beleuchtet seit fünfzehn Jahren die Luxusgüter- und Markenartikelbranche als Werbefotograf. Auch namhafte europäische Hotels und Hotelketten zählen zu seinen Kunden. Redaktionell ist Lussino u. a. für die Magazine „A la Carte" und „Der Feinschmecker" tätig und nennt Serien über Alain Ducasse und Pierre Gagnaire in Paris als Referenz. Seine Genuss- und Luxusinszenierungen wollen im Betrachter Sehnsüchte und Emotionen wecken. Das ist seine Handschrift.

Das ART Redaktionsteam hat uns freundlicherweise einige in diesem Buch publizierte Einzelfotos verschiedener Fotografen zur Verfügung gestellt.

Historisches Kapitel

Prof. Renate Basch-Ritter

Die in Wien geborene Renate Basch-Ritter entstammt einer Familie aus dem altösterreichischen Küstenland, die über vier Generationen Marineoffiziere stellte. In Graz aufgewachsen, studierte sie Geschichte, Kunstgeschichte und Geographie und wurde durch ihr erstes Buch „Österreich auf allen Meeren“ bekannt. Neben ihrer Lehrtätigkeit verfasste die zweifache Mutter mehrere Sachbücher und beschäftigte sich mit Vorträgen, Drehbucharbeiten, Seminar- und Reiseleitungen. Heute lebt die Historikerin in Graz und am Grundlsee im Salzkammergut – immer inmitten einer außerordentlichen Sammlung von historischen Büchern, Dokumenten, Fotos und Erinnerungsstücken, wie etwa dem Kadettensäbel von Georg Ludwig Ritter von Trapp. 2006 hat sie ein zweites Mal geheiratet und verbrachte ihre Hochzeitsreise an der k.u.k. Riviera? Wo? – Natürlich im Hotel Miramar.

Kontakt und Organisation

Martina Riedl

Seit der Eröffnung im Frühjahr 2005 leitet Direktorin Martina Riedl die Geschicke des Adria-Relax-Ressorts Miramar, als wäre es ihr eigenes. Nicht minder engagiert begleitete sie auch dieses Buch von der Idee bis zum Korrekturlesen. Als kommunikatives Bindeglied zwischen den „Akteuren“ in Kroatien, Österreich und Deutschland transportierte sie Fragen, Antworten, Inhalte und Ideen und beseelte alle Beteiligten durch ihre Motivation. 1970 am Kärntner Millstätter See geboren, wirkte Martina Riedl nach ihrer Ausbildung zur Touristik-Kauffrau in Salzburg und Kärnten. Seit 1993 ist sie für die Hotels der Familie Holleis tätig und erwarb in der siebenjährigen Zusammenarbeit mit Gisela Holleis, Visionärin und Gründerin des Stammhauses Salzburgerhof, das notwendige Rüstzeug zur Leitung eines Urlaubshotels.

Wir danken: Wolfgang Neuhuber für viele bereichernde Ideen und dem Erstleser Karl Lenz für sein Engagement.